DIY-Ideen für Topfgärtner
—— ungezwungen, modern, natürlich

GARANTIERT OHNE GERANIEN!

FRANCES TOPHILL

Für Bilfred und das Kleine, das während der Zeit des Schreibens geboren wurde.

Aus dem Englischen übersetzt von Agnes Pahler.
Titel der Originalausgabe: The container gardener, erschienen bei Kyle Books unter 978 0 85783 380 8
© 2017;
Text © 2017 Frances Tophill
Fotos © 2017 Rachel Warne
Design © 2017 Kyle Books

Bildnachweis
219 Farbfotos wurden von Rachel Warne für dieses Buch aufgenommen.

Impressum
Umschlaggestaltung von Gramisci Editorialdesign/Stefanie Wawer, München unter Verwendung von 2 Farbfotos von Rachel Warne.

Mit 222 Farbfotos.

Alle Angaben in diesem Buch sind sorgfältig geprüft und geben den neuesten Wissensstand bei der Veröffentlichung wieder. Da sich das Wissen aber laufend in rascher Folge weiterentwickelt und vergrößert, muss jeder Anwender prüfen, ob die Angaben nicht durch neuere Erkenntnisse überholt sind. Dazu muss er zum Beispiel Beipackzettel zu Dünge-, Pflanzenschutz- bzw. Pflanzenpflegemitteln lesen und genau befolgen sowie Gebrauchsanweisungen und Gesetze beachten. Die Blütenfarben sind sortenabhängig, daher können auch Farben auf dem Markt sein, die im Buch nicht genannt werden. Die Blütezeiten sind ebenfalls sortenabhängig, aber auch klima- und standortabhängig. Die angegebenen Wuchshöhen und -breiten der Pflanzen sind Mittelwerte. Sie können je nach Nährstoffgehalt des Bodens variieren. Verschiedene Sorten können deutlich größer oder auch kleiner wachsen als die Art.

Unser gesamtes lieferbares Programm und viele weitere Informationen zu unseren Büchern, Spielen, Experimentierkästen, DVDs, Autoren und Aktivitäten finden Sie unter **kosmos.de**

Gedruckt auf chlorfrei gebleichtem Papier

Für die deutschsprachige Ausgabe:
© 2018, Franckh-Kosmos Verlags-GmbH & Co. KG, Stuttgart.
Alle Rechte vorbehalten
ISBN 978-3-440-15882-1
Gestaltungskonzept: Helen Bratby/Kyle Books
Satz: Daniela Petrini | GRAFIK
Produktion: Klaus Jost
Printed in China / en Chine

- 4. **AM ANFANG**
- 12. **DIE TÖPFE**
- 46. **SO GEHT'S**
- 60. **PROJEKTE**
- 152. **PFLEGE**
- 158. **REGISTER**
- 160. **SERVICE**

WARUM PFLANZEN IN TÖPFEN ZIEHEN?

Mir fallen dafür vier wunderbare Gründe ein:

1. Töpfe sind sehr praktisch. Egal wie viel oder wie wenig Platz Sie haben und wie schwierig die Bedingungen sind, bepflanzte Gefäße bereichern unser Leben mit Grünem, Düften, Farbe und Essbarem.

2. Töpfe machen eine Gartengestaltung flexibler: Sie können sie herumrücken oder ihren Inhalt wechseln. Wachstumsbedingungen, die man an einem festen Platz im Beet normalerweise schwer ändern kann, lassen sich in vollem Maße ausschöpfen. Wenn es der Pflanze an ihrem Platz nicht gutgeht, kann man sie einfach umstellen – aus dem Schatten in die Sonne, weg vom zugigen Platz in eine geschützte Ecke. Das Verrücken der Töpfe ermöglicht die Kultur vieler Pflanzen, die sonst nicht in Ihrem Garten wachsen würden.

3. Wenn Wurzeln von einem Topf umschlossen werden, bringt das verschiedene Vorteile. Man kann beispielsweise die Ausbreitung einer Pflanze unterbinden, wie es bei einem Bonsai oder einem sehr wüchsigen Bambus der Fall ist. Manche Pflanze möchte ein ganz bestimmtes Substrat, das es so im Garten nicht gibt, andere brauchen eine besonders gute Dränage oder bevorzugen sauren Boden (siehe Seiten 9 und 136). Ein Topf versorgt Pflanzen auch an eher ungewöhnlichen Standorten und ermöglicht Wachstum zum Beispiel vor einer Wand oder am Fenster.

4. Töpfe haben ein riesiges Potenzial, was die Möglichkeiten der Gestaltung betrifft. Durch verschiedene Formen, Größen und Farben sowie einem breiten Pflanzensortiment können Sie den Garten wundersam und immer wieder anders arrangieren. Schließen Sie die Augen und stellen Sie sich Ihren neu bepflanzten Topf vor. Ich nehme an, dass in Ihrer Vorstellung ein Tontopf mit etwas Blühendem aufgetaucht ist – eine Geranie vielleicht. Oder hatten Sie sich einen Hängekorb vorgestellt – am Rand mit Kaskaden von Hänge-Petunien? Ich will damit sagen, dass wir bei Pflanzen im Topf oft mit bestimmten Klischees verhaftet sind. Uns fallen meist zuerst erprobte Arrangements ein. Allerdings steht so viel zur Auswahl, vor allem wenn man Möglichkeiten fürs Upcycling mit in Betracht zieht oder sogar eigene Gefäße herstellt. Es gibt nicht nur die eine richtige Form der Topfkultur. Denken Sie über den Teller- (oder besser Topf-)rand hinaus und probieren Sie Neues.

Sukkulenten wie Dickblatt- (*Crassula*) und Haworthie-Arten verschönern kleine Ecken in einem Gewächshaus.

Pflanzen sind gut für die Seele, sie reinigen die Luft und bringen Grün (eine sehr beruhigende Farbe) in unser Umfeld, außerdem bieten sie Lebensraum für Tiere. Sie sind auch nützlich, sei es als Nahrung, als Schnittblume, zum Färben oder als Grundlage für Medizin. Egal wie Sie wohnen, es lässt sich immer etwas Platz für ein oder zwei Pflanzen schaffen. Bereits wenige Exemplare vermitteln Freude und geben Ihnen Zufriedenheit, wenn Sie sie umsorgen müssen und ihr Wachstum beobachten können. Ist es nicht eine schöne Idee mit Kindern oder Freunden oder in seltenen Mußestunden ein Pflanzgefäß aufzupeppen, wie es Ihnen gefällt, für die Pflanzen, die Sie besonders gerne mögen?

Es ist gar nicht so leicht, das ideale Pflanzgefäß zu bekommen – ich habe schon viele schlechte Beispiele gesehen, bei denen die Bepflanzung bemitleidenswert oder langweilig aussah. Man neigt häufig dazu, auf bewährte Möglichkeiten zurückzugreifen: Blumenzwiebeln im Frühjahr und Beetpflanzen im Sommer, danach folgen vielleicht Bellis im Herbst/Winter. Solche Kombinationen, wie wir sie ringsum im öffentlichen Raum wahrnehmen können, wirken wenig anregend. Dabei müssen die Gefäße nicht zwangsläufig im Gleichklang mit diesen vorhersehbaren und gewohnten Bepflanzungen stehen. Die armen Töpfe bieten mehr Potenzial und sehnen sich nicht nach einer Bepflanzung mit immer denselben althergebrachten Arten, bei deren Auswahl Farbe und Form keine Rolle spielen. Die Topferde mit ihren vielen guten Nährstoffen könnte etwas Ausgefalleneres ernähren. In unseren Schuppen, Gartenhäuschen oder ums Haus herum tun sich oft ungeahnte Vorräte an Töpfen auf, die dort nur dazu dienen Staub, Unkraut, Moos, vermutlich auch Spinnen und Läuse, zu sammeln. Peppen Sie diese Gefäße mit einer Bepflanzung auf und beleben Sie sie neu, damit sie ihre Wirkung entfalten können. Sehen Sie sie als zentrales Element Ihrer Gestaltung an, nicht als Zutat oder als nachträgliche Ergänzung. Nutzen Sie ihr wahres Potenzial.

Überall erhältliche Pflanzen ergeben eine ansprechende Topfbepflanzung und bieten üppiges Grün.

Genau das ist es, was die Topfkultur von allen anderen Formen des Gärtnerns unterscheidet. Doch gibt noch viel mehr Gründe, warum Sie die Gefäße einem üblichen Blumenbeet vorziehen sollten.

Die Kosten sind natürlich ein Argument: Das Gärtnerische erscheint immer weniger wichtig, wir neigen dazu, eher Geld für Mobiliar und Baumaßnahmen auszugeben als für Pflanzen. Tatsächlich können Pflanzen überraschend kostspielig sein und wenn man sie im Freien setzt, kann man sie bei einem Umzug nicht mitnehmen – zumindest bedeutet das einen gewissen Aufwand und vorausschauende Planung. Zudem besteht das Risiko, dass die Gewächse das Umpflanzen nicht überleben. Wenn Sie Ihre Lieblingspflanzen in Gefäßen ziehen, können Sie Ihren Außenbereich kosteneffektiv mit Pflanzen gestalten – beim Umzug nehmen Sie einfach alles mit. Auch wenn Sie mehr Platz für Grünes zur Verfügung haben, bringen Gefäße eine weitere Kostenersparnis. Sie allein bestücken schon viel Gartenraum und man braucht weniger Pflanzen zum Ausfüllen; zudem ersetzen sie kostspielige Bauten.

Die einfache Handhabung ist ein weiterer großer Pluspunkt von Pflanzgefäßen. Die Bepflanzung ist recht unkompliziert und Sie brauchen keine Bodenuntersuchung, bevor Sie Ihre Pflanzen auswählen. Sie nehmen einfach etwas, das Ihnen gefällt, und setzen es in gewöhnliches Substrat – meist wächst es ziemlich zuverlässig. Sogar Bäume wachsen jahrelang gut, sofern sie Dünger und Wasser bekommen.

Verwechseln Sie das einfache Bepflanzen nicht mit pflegeleicht. Das Überleben einer Pflanze im Gefäß hängt ganz von Ihrer Pflege ab. In einem gewachsenem Boden im Garten erfährt die Pflanze allerhand Herausforderungen und Widrigkeiten. Sie wird dies überleben und dann in der natürlichen Umgebung ihre Wachstumsgrundlagen finden. Regen bringt Wasser, herabfallende Blätter liefern Nährstoffe, während die Wurzeln mehr als genug Raum zum Ausbreiten haben. Das ist in einem Pflanzgefäß nicht der Fall: Die Ressourcen sind beschränkt und schwer zu erreichen. Die Gestaltung und das Bepflanzen mögen leicht sein, aber stellen Sie sich auf eine intensivere Pflege ein.

Wenn Sie die Pflanzen für die Gefäße sorgsam auswählen, haben Sie später weniger Arbeit und weniger Verdruss. Die Pflege von Topfpflanzen ist nicht so beschwerlich wie zweispatenstichtiefes Umgraben oder das Jäten von Giersch, man braucht nur ein wachsames Auge und muss gelegentlich Wasser und Nährstoffe geben, manchmal (alle paar Jahre) muss man zu große Pflanzen in größere Gefäße umsetzen.

Sie können in einem Topf Gewächse mit ganz besonderen Ansprüchen ziehen, manche wollen ein spezielles Substrat, ein bestimmtes Bodenniveau oder haben eigene Temperaturansprüche. Im Garten selber können Sie wenig tun, um die Bedingungen zu ändern. Die Regel, dass man nur standortgerecht pflanzen soll, gilt für Pflanzgefäße so nicht, denn Sie können die Bedingungen nach Belieben abändern: Säureliebende Pflanzen bekommen saure Erde, für jene, die Kalk lieben, fügen Sie Kalk hinzu und für wärmebedürftige Pflanzen rückt man den Topf einfach in die Sonne. Mischen Sie etwas Splitt unter, um den Wasserabzug zu optimieren, organisches Material verbessert die Nährstoffspeicherung. Bei Bedarf können Sie das Gefäß ins Haus holen, wenn es draußen zu kalt wird. Insgesamt ist es überaus praktisch, Pflanzen ihren Ansprüchen entsprechend ziehen zu können, damit sie gut wachsen.

Da ich selbst nur wenig Platz zum Gärtnern habe, mag ich die Topfkultur so sehr. Ich freue mich über meinen kleinen Balkon, andere verfügen vielleicht über einen Innenhof, wieder andere haben eine Fläche unterm Dach, am Fenster, auf der Treppe, ganz Glückliche womöglich einen Dachgarten. Für alle jene bieten Gefäße die beste Lösung: Sie besetzen Fensterbretter, Tische, Regale im Bad, den Schreibtisch, die Treppe, also alle erdenklichen Plätze. Pflanzgefäße passen einfach überall hin: Sie hängen von der Decke, erobern die Wände, stehen auf Regalen und belegen die kleinsten Ecken – das macht sie so vielseitig.

Wer nicht an Platzmangel leidet, hat die wunderbare Gelegenheit, einige große Behälter aufstellen zu können, sofern man das natürlich mag. Damit sind nicht nur Kübel gemeint, schließlich sind Hochbeete auch eine Form von großem Pflanzgefäß. Gleiches gilt für Wände mit Bepflanzungsmöglichkeiten, große Vasen, Einbauten in jeder Größe, jedem Aussehen und aus jedem anderen erdenklichen Material.

Alpine Pflanzen begrünen mit ihren filigranen Blättchen und oft zierlichen, schönen Blüten so gut wie jeden Platz, sie brauchen aber genug Licht.

Verschiedenfarbige und unterschiedlich große *Crassula* (Dickblatt) bilden einen spannenden Mittelpunkt in einer sonst eher alltäglichen Topfanordnung.

Gefäße sind wertvoll sowohl in Bezug auf die Bepflanzung als auch was die Gartengestaltung betrifft. Durch die Vielfalt an Formen, Größen, Stilen und Materialien, kombiniert mit den Möglichkeiten der Zusammenstellungen, wie man pflanzt und in wie vielen Töpfen, ob man einfarbige Schlichtheit oder ungewöhnliches Kunterbunt vorzieht, es ergeben sich nahezu endlos viele Lösungen für spannende Gestaltungen. Nehmen Sie noch die Riesenauswahl an Pflanzen hinzu und Sie können aus dem Vollen schöpfen.

Soll es eher traditionell sein, versuchen Sie es mit Tontöpfen und einer bunten, jeweils im Frühling und Herbst ausgetauschten Wechselbepflanzung. Oder aber Sie verwenden Moospolster unter einer einzelnen farbigen Pflanze für ein schlagkräftiges, unkompliziertes Design. Denken Sie auch an ursprüngliche Pflanzen wie Farne, testen Sie die strengen vertikalen Linien von Schachtelhalm oder das duftige Laub von Zierspargel. Sie könnten ganz auf Erde verzichten und stattdessen auf Hydrokultur ausweichen oder im Haus einen Miniteich anlegen. Falls Sie Wände oder steinigen Untergrund mit kaum Erde haben, kommen sukkulente Pflanzen oder alpine Gewächse in Frage, deren flache Wurzeln in jede Ritze dringen. Ein feucht-warmes Plätzchen mit nährstoffreichem Boden könnte tropische Gewächse aufnehmen.

Mit ein wenig Kreativität hat man endlos viele Möglichkeiten und wer sich nicht so recht traut, findet in diesem Buch jede Menge Ideen für nahezu jeden Geschmack – aber machen Sie es immer auf Ihre Weise und setzen Sie Ihre Lieblingspflanzen immer in Gefäße, die Ihnen auch gefallen. So entstehen individuelle, schöne, innovative und ergiebige Lösungen, die zu Ihnen und Ihrem Wohnstil passen.

Haben Sie das Gärtnern bislang als jenseits Ihrer Möglichkeiten verworfen? Denken Sie neu darüber nach. Denn mit ein wenig Planung passen bepflanzte Gefäße ideal in den modernen Alltag. Die Vielfalt und der Nutzen sind größer, als Sie zunächst vermuten.

Eine trockene Fläche mit magerem Boden bietet sich an für mediterrane Pflanzen wie Olivenbäume und Thymian. Moderne Gefäße für Kräuter wie Majoran, Ysop und Lavendel werten die Szenerie auf.

DIE TÖPFE

Rein praktisch gesehen enthält ein Topf lediglich das Pflanzsubstrat sowie die Pflanze. Er muss dazu keine bestimmte Form oder Größe haben, auch das Material spielt keine Rolle. Es kann sich um etwas Wiederverwertetes, um Selbstgemachtes oder um ein Gefäß, an das man niemals zuvor gedacht hatte, handeln. Bei einer so großen Auswahl ist es hilfreich, die Möglichkeiten zu kennen und auch zu wissen, welche Gefäße sich für welche Pflanzen anbieten. Ausgerüstet mit reichlich Informationen, sind Sie absolut im Vorteil.

DIE RICHTIGE GRÖSSE

Gewöhnlich stehen Pflanzgefäße auf dem Boden, häufig auf einem befestigten Belag, nicht zu vergessen das Aufhängen an einer Wand oder etwa Hängekörbe. Wählen Sie daher Ihre Gefäße überlegt danach aus, wo sie später stehen sollen.

Um das richtige Gefäß für einen bestimmten Platz zu finden, kommt es auf die Größe und das Gewicht an. Mehr Möglichkeiten hat man für Gefäße, die einen festen Platz am Boden bekommen, ganz einfach, weil das Gewicht des Gefäßes (mit dem Substrat) keine Rolle spielt. Am Boden können Sie niedliche, hübsche Kombinationen aus einigen kleinen Gefäßen zusammenstellen, Sie können auch ausladende Hochbeete, Tröge, Vasen oder andere große Gefäße verwenden.

Wenn Sie allerdings Ihr Pflanzgefäß auf einem Balkon oder einer Dachterrasse abstellen wollen, müssen Sie etwas überlegter vorgehen. Ein fertig bepflanztes und gegossenes Gefäß ist alles andere als ein Leichtgewicht (allein das Wasser macht einen ordentlichen Anteil aus – 1 Liter wiegt 1 Kilogramm). Ganz bestimmt wollen Sie den Balkon oder die Dachterrasse nicht mit schwergewichtigen Dingen überladen. Das kann aus statischen Gründen sogar gefährlich werden.

Ein Ausweg besteht darin, die Menge an schwerer Erde zu reduzieren und dafür leichtes Styropor einzufüllen. Nehmen Sie nur wenig, nur so viel, um die Gefäße etwas zu erleichtern. Und falls Ihnen ein Regal oder etwas Anderes an einer Wand vorschwebt, bedenken Sie, dass Sie mit weniger Gewicht und leichteren Gefäßen auskommen müssen.

GROSSE GEFÄSSE

Behälter gibt es in allen Formen und Größen. In meinem Vorgarten stehen Hochbeete. Zum Teil hängt das mit meinem wenig fruchtbaren, sandigen Boden zusammen, der wegen der Nähe zur Küste einen sehr hohen Salzgehalt hat. Er entwässert nicht gut (untypisch für sandigen Boden und zu meinem Glück), sodass mir nichts anderes übrig blieb, als zwei große Behälter zu bauen und bessere Erde einzufüllen, in der zum Glück tatsächlich gesunde Pflanzen wachsen.

Viele Hobbygärtner haben das gleiche Problem, bedingt etwa durch instabilen Untergrund, wachstumsfeindlichen Boden, Probleme beim Bücken, durch befestigten Asphalt (den man nicht aufbrechen will), vernässte Erde oder Sie wollen einfach auf Hochbeete anstatt auf eine eingegrabene Grenzbefestigung schauen. All die Anforderungen können Sie erfüllen, wenn Sie einen Behälter passend zum Platz und Ihren Ansprüchen entsprechend bauen. Er kann so groß sein, wie es Ihnen gefällt oder wie es dort gut aussieht. Geschickt entworfen, könnte er zusätzlich sogar als Sitzplatz oder Stauraum dienen.

Ein aufgehübschter Metallcontainer wirkt massiv und modern, er bildet eine raffinierte Abgrenzung. Mit einer sorgsam ausgewählten Bepflanzung aus Wasserdost und Gräsern sieht es rustikaler aus.

Jene, die selber nicht so gern handwerken, können alle möglichen großen Behälter kaufen. Es gibt eigens dafür angefertigte Gefäße (Vasen sind ein klassisches Beispiel dafür) oder man wählt etwas Zeitgemäßeres, zum Beispiel aus Beton oder Cortenstahl. Aber es kommt ebenso etwas in Frage, das zunächst nicht für Kulturpflanzen gedacht war, doch clever dafür umgenutzt wurde. Ich habe sogar schon von Autos gehört, die zum großen Pflanzgefäß umfunktioniert wurden – Pflanzen quellen aus Kofferraum, Motorhaube und Fenstern heraus. Bei genügend Platz und Freude am Gärtnern ahmt ein großer Behälter am besten gewachsenen Boden nach, denn er bietet viel Wurzelraum und stellt reichlich Nährstoffe zur Verfügung. Sie können darin entweder deutlich mehr Pflanzen oder weniger und dafür ausgewachsene Exemplare ziehen. Ein großes Gefäß hat auch eine große Aussagekraft und prägt jeden Außenraum, sei er auch noch so klein.

Einzelne Pflanzenarten treten markant in Erscheinung. Dieser riesige Topf ist bepflanzt mit einer der gewaltigsten Stauden, einem Mammutblatt (*Gunnera macrophylla*).

Eine Sammlung schlichter, kleiner Töpfe hübscht wirkungsvoll eine winzige Fläche auf, sofern man alle möglichen verschiedenen Texturen verwendet. Der raffinierte Stilmix wischt Bedenken wegen eines beschränkten Raumangebots beiseite.

KLEINE GEFÄSSE

Selbst wenn Sie nur wenig Platz haben, steht Ihnen eine riesiges Angebot an geeigneten Gefäßen zur Verfügung, so klein, wie Sie sie brauchen. Es gibt eine große Bandbreite von ungewöhnlichen bis wunderschönen Ideen, denn aus nahezu jedem Material werden Töpfe hergestellt. Bei wirklich kleinen Gefäßen kommt es auf die richtige Bepflanzung mit Gewächsen an, die mit dem beschränkten Wurzelraum zurechtkommen müssen. Die Erde in einem kleinen Gefäß trocknet im Vergleich zu einem größeren leichter aus und erschöpft ihren Nährstoffvorrat schneller. Sofern Sie nicht übermäßig viel Zeit haben, sich mit Ihren Pflanzgefäßen zu beschäftigen, sollten Sie auf pflegeleichte Gewächse achten, die in trockener, magerer Erde gedeihen oder die extrem langsam wachsen. Dazu gehören Sedum-Arten (Fetthenne) sowie weitere Sukkulenten, Feinstrahl (*Erigeron*) und viele Aromapflanzen wie Lavendel, Thymian und Rosmarin. Ich wage zu sagen: Sie nehmen ein gewisses Maß an Vernachlässigung hin.

Eine Pflanze mit beschränktem Wurzelwerk wächst immer langsamer. Für ein Pflanzgefäß wie für den Boden draußen im Garten gilt, dass alles, war sich über der Erde abspielt, direkt mit dem Geschehen darunter zusammenhängt. Wenn sich folglich Wurzeln nicht ausbreiten und nicht wachsen können, ist die Entwicklung von Trieben und Blättern beschränkt. Darauf beruht die Tradition der Bonsai-Kultur: Ein in freier Natur zig Meter hoher Baum hat bei begrenztem Wurzelraum zierlichere Äste, Zweige und Blätter. Solche Bäume brauchen aber weiterhin Nährstoffe und ausreichend Wasser, sodass sie sich als ziemlich pflegeintensiv erweisen. Liebhaber, die viel Zeit ihren Bonsai widmen (und dazu gehört mein Vater) und sie liebevoll pflegen, gelingt es, einen Baum jahrhundertelang in einem kleinen Topf zu halten, dabei wird er nicht höher als ein paar Fußlängen (siehe Seite 123).

Ein Sortiment sukkulenter Pflanzen in unterschiedlichen kleinen Gefäßen steht für unendliche Gestaltungsmöglichkeiten, sofern Sie die Gewächse überlegt auswählen. Fühlen Sie sich durch diese unverwüstlichen Pflanzen nicht eingeschränkt: Ihre Farben und Formen zeigen die gleiche Variationsbreite wie die Gefäße, in die man sie setzt.

DIE RICHTIGE FORM WÄHLEN

Seit Urzeiten diskutieren Gärtner darüber, ob eine eckige Form für Töpfe besser ist als eine runde. Ich sehe da keinen Unterschied. Diese Frage bezieht sich viel mehr auf die Gestaltung als auf das Wohlergehen der Pflanzen. Zudem entscheidet man nicht allein zwischen rund oder eckig, sondern zwischen oval, zylindrisch, drei-, sechs-, achteckig, kurz und breit oder lang und schmal. Die Entscheidung liegt bei Ihnen.

RUND

Die meisten Gefäße sind eher rund, zum Beispiel eine Vase. Doch selbst von diesen Formen gibt es Variationen wie zylindrisch oder kugelförmig. Falls Sie Lust haben, mit den Unterschieden ein wenig zu spielen, finden Sie hier einige gute Ideen.

- Runde Gefäße sehen in größerer Zahl besonders gut aus. Runde Töpfe lassen sich ganz einfach in stattlichen Gruppen aufstellen. Sie eignen sich ideal für Plätze in Ecken oder sogar zum Anordnen im Kreis.

- Stellen Sie einen großen runden Topf auf ein rundes Stück Pflaster oder ein Holzdeck oder platzieren Sie ihn ein wenig abseits auf ein rundes Element im Garten.

- Ordnen Sie ein paar Töpfe in einer Art Spirale an. Das sieht mit unterschiedlich großen Gefäßen richtig gut aus, der größte kommt in den Hintergrund.

- Runde Töpfe wirken immer etwas rustikal. Sie passen daher gut in Bauerngärten oder traditionellere Gartenformen. Allerdings können zylindrische oder säulenförmige Töpfe statuesk und damit sehr markant aussehen.

Es ist gar nicht so leicht, dass eckige Gefäße sorgfältig platziert aussehen. Es wirkt schlampig, wenn sie nicht exakt ausgerichtet sind – entweder für ein längeres Stück nebeneinander aufgereiht oder rautenförmig platziert. Aus dem gleichen Grund ist es nicht einfach, eckige und runde Gefäße an demselben Platz zu kombinieren.

ECKIG

Eckige Gefäße wirken modern. Mit diesen Vorschlägen kommen sie am besten zur Geltung.

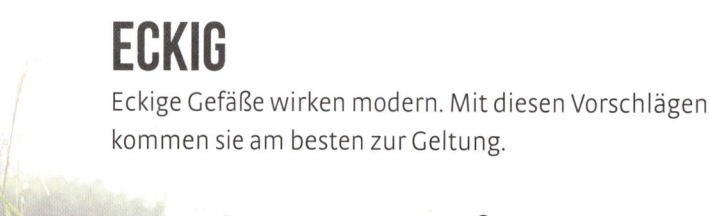

- Lassen Sie sie in Ihrem Garten für sich allein stehen.

- Man kann sie wunderbar neben anderen eckigen Gefäßen platzieren, aber immer mit ein wenig Abstand dazwischen. Vier oder fünf kann man gleichmäßig an einer Wand aufreihen oder man stellt sie nacheinander in einer Reihe auf. So können sie auch eine Grenze oder einen Weg markieren.

- Betonen Sie das moderne Aussehen durch schlichten Einsatz architektonischer Pflanzen.

- Verwenden Sie eckige Gefäße in streng formal gestalteten Gärten oder in Anlagen mit Anklängen an die Renaissance. Sie sehen auch in reduziertem, skandinavischem oder minimalistischem Design fantastisch aus.

TRÖGE

Behälter am Boden haben oft eine wannenartige Form, oder solche auf einer Mauer bzw. am Fenster. Tröge sehen nicht nur gut aus, sie dienen gewissermaßen als Hochbeete für alle möglichen Pflanzen. Die folgenden Ideen zeigen, wie aus etwas Alltäglichem ein außergewöhnliches Objekt wird.

- Tröge beherbergen zeitweilig eine mobile Hecke. Man kann dafür Sträucher oder andere, nicht für Hecken übliche Pflanzen einsetzen. Einen Versuch wert sind Gräser wie Riesen-Chinaschilf (*Miscanthus giganteus*), sogar Zuckermais formt eine durchsichtige Hecke.

- Tröge sehen fantastisch entlang einer Grenze oder einer Rabatte aus. Sie können außerdem als Sichtschutz am Fenster oder Balkon dienen und sie verdecken wenig ansehnliche Elemente im Garten, wie den Komposthaufen oder Schuppen.

- Wenn Sie wenig Platz haben, bietet sich ein kleiner, schmaler Trog für das Fensterbrett an.

- Ein Trog kann nicht nur auf einer befestigten Flächen stehen, sondern auch auf einer Mauerkrone, vorausgesetzt er ist gut gesichert.

- Den Fuß einer langweiligen Mauer können Sie mit bunt bepflanzten Trögen aufhellen.

- Tröge können Wege im Garten markieren und dadurch bestimmte Bereiche voneinander abtrennen.

- Stehen sie versetzt und nicht in Reih und Glied, ergibt sich ein besonderer Effekt. Wählen Sie hohe, gerade Pflanzen dafür.

HOCHBEETE

Hochbeete kann man in beliebiger Höhe aufbauen, was die Pflege der Pflanzen vereinfacht – wichtig bei eingeschränkter Mobilität. Die großen Pflanzgefäße sind in jeglicher Form und aus jedem verfügbaren Material selbst herstellbar – so schwierig oder so leicht, wie es Ihnen passt. Die vielseitigen Hochbeete fügen sich gut in jede Gestaltung ein.

- Falls Sie es gern rustikal haben, können Sie eine Trockenmauer aus großen, eng gesetzten Steinen bauen und darin Landhausblumen unterbringen, die sich ineinander verweben oder sogar aus den Fugen der Mauer herauswachsen. Pflanzen wie Spanisches Gänseblümchen (*Erigeron karvinskianus*) bieten sich für so eine Gestaltung regelrecht an. Damit es noch mehr nach Bauerngarten aussieht, können Sie Essbares zwischen den Blumen ziehen oder Kräuter. Stecken Sie noch eine alte Handgabel in die Erde (natürlich nur zum Schmuck, Gartenwerkzeug lässt man nicht dauerhaft draußen), dann haben Sie ein Beet im klassischen Landhausgartenstil mit einer schönen, selbstgebauten Fassung.

- Über die Auswahl der Pflanzen entscheiden Sie allein. Sie können die harten Kanten von Hochbeeten mit herabhängenden Pflanzen kaschieren. Vielleicht bevorzugen Sie aber einen minimalistischen Stil, dann können einzelne vertikal aufstrebende Pflanzen wie Schilf oder Bambus aufrechte Linien zeichnen. Modern, aber zugleich naturalistisch wirken Moose, Buchskugeln, runde Graspolster oder Grasnelken. Die letztgenannten wirken besonders gut in einer Bepflanzung mit Bezug zum Strand.

- Ein schlichtes, gewöhnliches Hochbeet kann sehr unterschiedlich daherkommen. Man kann es aus Holz bauen (siehe Seite 84), aus Beton oder aus Metall – dann sieht es sehr modern aus.

- Wenn Sie sich ein natürlicheres Aussehen wünschen, können Sie ein Hochbeet aus Holzbalken aufbauen. Eine Zeitlang hatte man ausgediente Bahnschwellen dafür verwendet, das ist heutzutage in Deutschland verboten. Druckbehandeltes Holz verbleicht mit der Zeit, es laugt aus und sieht nach einigen Jahren silbrig aus. Sie können das Holz aber auch mit einer beliebigen Farbe streichen. Getüncht wirkt es streng minimalistisch, ein tiefblaues Hochbeet nimmt tropische Gewächse auf. Oder wie wär's mit einem leuchtend roten Hochbeet?

- In Hochbeeten können Sie wunderbar Gemüse und Kräuter ziehen. Romantiker bestücken sie stattdessen mit Blumen und Anhänger der Postmoderne erfreuen sich an dekorativem Blattwerk.

IM BODEN VERSENKT

Durch Eingraben von Gefäßen in den Boden entsteht wieder etwas gänzlich Neues.

Je tiefer Sie in die Erde gehen, desto mehr steigt vermutlich die Feuchtigkeit im Pflanzgefäß an. Wasser sickert im Garten nach unten und je näher Sie an den Grundwasserspiegel herankommen, desto wahrscheinlicher wird es, dass die Beete für lange Zeit wassergesättigt sind. Das kann problematisch werden, wenn Sie beispielsweise Mittelmeerkräuter ziehen wollen. Doch Sie können daraus einen Vorteil machen, wenn Sie auf solche Verhältnisse spezialisierte Pflanzen einsetzen, die nasse Füße mögen. Der Fachausdruck dafür lautet Sumpfgarten. Darin wachsen Pflanzen, die dauerhaft feuchte Bedingungen mögen, wie Binsen, Seggen, Moose und Schilf. Zu den Pflanzen, die in Frage kommen, gehört auch das in Mitteleuropa nur bedingt winterharte Mammutblatt (*Gunnera macrophylla*): Es wirkt verblüffend ornamental und überlebt nur an ausgesprochen feuchten Stellen. Ausgepflanzt braucht es einen effizienten Winterschutz. Sie können ein Exemplar davon ins Pflanzgefäß setzen und so etwas Außergewöhnliches schaffen.

NACH OBEN GEHEN

Begrünte Wände sind weltweit sehr beliebt. An Platz für Pflanzen fehlt es überall, also wo können wir trotzdem gärtnern? Permanent steigt der Druck in Hinblick auf Wohnraum, folglich wird meist zuerst die Gartengröße heruntergeschraubt. Wir wollen Pflanzen ziehen und den damit verbundenen Nutzen einheimsen, nur wo?

Immer mehr entscheiden sich dazu, Pflanzen senkrecht wachsen zu lassen. Lebende oder grüne Wände geraten überall auf der Welt in den Blickpunkt frustrierter Pflanzenfreunde. Denn man kann sogar an einer Wand, an einem Zaun oder auf einem Balkon gärtnern. Weil die technischen Möglichkeiten dafür immer besser werden, lässt sich im Grunde alles anpflanzen – von köstlichem Obst oder Gemüse bis hin zu bunten Blättern und Blumen.

Wenn Sie das Gärtnern in der Vertikalen ausprobieren, müssen Sie Pflanzen wählen, deren Wurzelwerk sich nicht weithin ausbreitet. Die Bepflanzung soll nach oben wachsen, aber nicht allzu weit zur Seite ausladen. Die Pflanzen müssen mit einem begrenzten Raum auskommen, indem sie kein übermäßig üppiges Wurzelsystem ausbilden können.

Es gibt viele verschiedene Möglichkeiten, begrünte Wände entstehen zu lassen. Am einfachsten ist es, Töpfe in beliebiger Weise auf Regalen anzuordnen. Stellen Sie die Regale auf, wie es Ihnen passt, topfen Sie Ihre Lieblingspflanzen in so viele Gefäße wie möglich ein und arrangieren Sie diese auf den Regalen. (Pflanzen, die hohe Luftfeuchtigkeit lieben für eine nach Norden ausgerichtete Wand, Wärme und Sonne liebende für eine Südwand). Es kann sinnvoll sein, die Gefäße auf den Regalen vor einem Herabstürzen bei starken Winden zu sichern. Sie können sie am Regal anbinden, einen Draht an der Vorderkante zum Festhalten spannen oder sie direkt am Regal festmachen. Bringen Sie am Regal Schrauben an, die etwa 2,5 cm weit hervorstehen. Dann haken Sie die Gefäße im Dränageloch fest und der Topf bleibt am Platz.

Wenn Sie kein Freund von Regalen sind und eine begrünte Wand wünschen, bei der Sie von der Halterung gar nichts sehen, finden Sie im Handel verschiedenste Systeme. Es gibt kostspielige und relativ günstige. Es kommt darauf an, was Sie ausgeben wollen und wie es aussehen soll.

Sie können ausgereifte Taschenkonzepte kaufen, die von der Wand hängen und bereits fertig zum Bepflanzen sind. Füllen Sie nur noch ein wenig Substrat ein, dann setzen Sie die gewünschten Pflanzen ein und schon haben Sie einen grünen Wandteppich. Es gibt auch originelle Heimwerkerlösungen, um einen schönen grünen Hintergrund zu schaffen. Sie können Gefäße an Schnüren aufhängen oder eigene Pflanztaschen aus Gewebe oder Holz herstellen (der Vorschlag einer selbstgebauten grünen Wand aus Holzpaletten wird auf Seite 78 erklärt). Sie können auch vorhandene Sprünge im Mauerwerk als Pflanzlöcher nutzen. Immer müssen Sie Pflanzen dafür auswählen, die mit den extrem trockenen Verhältnissen zurechtkommen, denn Sie wollen das Mauerwerk nicht durch übermäßige Wassergaben beschädigen. Ist die Mauer oder der Zaun fest und massiv, können Sie Töpfe zum Bepflanzen anschrauben.

Wer etwas Mut hat und es sich zutraut, findet unendliche Varianten für eine begrünte Wand. Hängende Gefäße formen einen lebendigen Rahmen, man kann sie hochstellen oder Gefäße an der Wand festschrauben. Einzelheiten dazu gibt es bei den später vorgestellten Projekten ab Seite 62. Für das Gärtnern in die Höhe gibt es so viele Möglichkeiten und man bringt Grün an Plätze, wo man es zunächst für unmöglich gehalten hatte.

HÄNGEKÖRBE

Oft denken wir bei Pflanzgefäßen an Hängekörbe. Wenn die Pflanzen voll entwickelt sind, sehen die Körbe einfach wunderschön aus. Sehr beliebt sind sie, wenn es darum geht, möglichst viel Platz zu gewinnen. Am wichtigsten ist die Auswahl der richtigen Pflanzen. Ungeeignete mindern den gesamten Eindruck.

So ein prächtiger Hängekorb nimmt eine Vielzahl Pflanzen auf, die man pflegen muss. Aber das Ergebnis lohnt den Aufwand auf alle Fälle.

Diese Aussage trifft auf die meisten Pflanzgefäße nicht zu, doch für Hängekörbe braucht man die richtigen Pflanzen, weil sie das meist wenig dekorative Gefäß verdecken sollen. Für die Bepflanzung benötigt man hängende Pflanzen, um die Seiten zu kaschieren und damit man sie von unten sehen kann. Aus diesem Grund wachsen oft Pflanzen wie Petunien oder Fuchsien in Hängekörben, weil sie beide Aufgaben hervorragend erfüllen. Diese Sommerblumen erhält man außerdem ziemlich preisgünstig. Darüber hinaus eignet sich eine mutigere Auswahl von Pflanzen, mit hübschen Blüten und leckeren Früchten (siehe Seite 82).

Berücksichtigen Sie aber nicht nur die Pflanzen, sondern auch das Pflanzgefäß. Sie denken sicher sofort an speziell für diese Aufgabe gefertigte Hängekörbe oder ein bereits vorhandenes Stück dafür einzusetzen. Vogelkäfige werden beispielsweise gern dafür umfunktioniert. Prinzipiell macht sich jedes Teil, das man aufhängen kann und mit Pflanzen aufhübschen gut. Man braucht auch nicht zwingend Erde: Experimentierfreudige greifen auf Wasser- oder Aufsitzerpflanzen zurück (siehe Seite 106), die all ihre Nährstoffe entweder aus dem Wasser oder der Luft beziehen. Orchideen sind dafür ein Musterbeispiel, denn viele wachsen von Natur aus auf Bäumen und beziehen ihre Nährstoffe aus der Umgebungsluft. Mit solchen Pflanzen kann ein ganz besonderer Hängekorb entstehen. Zudem kann der Verzicht auf Erde interessant sein, wenn das Gewicht eine Rolle spielt. Wenn Sie Orchideen ziehen wollen, bieten sich Korkstücke als Substrat an.

FENSTERKÄSTEN

Sie erfreuen sich wie die Hängekörbe großer Beliebtheit. Doch leider haben wir alle bis zum Überdruss Plastikkästen mitansehen müssen – billig, grün, weiß oder als Tonimitat. Das muss aber überhaupt nicht so sein. Falls Sie nur einen gewöhnlichen Fensterkasten aus Plastik haben und Ihr Geldbeutel nicht die Auslagen für einen aus Ton oder Metall hergibt, können Sie sein Aussehen leicht mit Farbe, Aufkleben von Motiven oder unterschiedlichen Texturen verändern (siehe Seiten 146–151).

Bepflanzen können Sie mit dem, was Ihnen gefällt: groß oder klein, dauerhaft oder saisonal. Auf alle Fälle locken Sie Bienengesumm ans Fenster, gleich ob der Kasten Zwiebelblumen wie Narzissen und Tulpen, ob er Kräuter wie Thymian, Basilikum, Petersilie oder ob er einjährige Wiesenblumen birgt. Jedes Mal, wenn Sie aus dem Fenster schauen, können Sie sich freuen.

MATERIALIEN

Wenn Sie mit Ihren Gefäßen einen bestimmten Effekt bewirken wollen, lohnt es sich, über die Beschaffenheit des Behälters nachzudenken. Es genügt nicht, ins Gartencenter zu gehen und etwas herauszugreifen, weil es simpel, billig und bequem ist. Ich rate Ihnen sehr, darüber nachzudenken, mit welchem Material sich die gewünschte Stimmung am besten erzielen lässt. Berücksichtigen Sie die Farbe: Weiß kann modern oder traditionell wirken, dunkle Farben haben ihre eigene Ausstrahlung, kräftige Farben können einen exotischen Eindruck erwecken – oder bei ungeschickter Verwendung kindisch daherkommen.

Das Aussehen eines Bepflanzungsobjekts lässt sich variieren oder auch betonen, indem man mit etwas Gegensätzlichem kombiniert – wenn man etwa Bauerngartenblumen in ein Stahlgefäß setzt. Doch damit alles zusammenpasst, ist es sicherer, beim gewählten Thema zu bleiben.

KUNSTSTOFF

Dieses Material kennen wir alle, als wirklich schön kann man es in keiner Verwendungsform bezeichnen. Töpfe aus Kunststoff waren in der Gartenkultur nie groß in Mode, doch unter der derzeit erhältlichen, riesigen Auswahl findet man auch hier etwas Akzeptables. Es gibt viele Möglichkeiten, ihr Aussehen aufzuwerten, dazu braucht es nur das nötige Kleingeld und etwas Fantasie. Attraktiv wirken Dekorationen mit Applikationen, Sand, Farbe, Schnüren, Schalen, Abziehbildern oder Mosaiken (Ideen siehe Seiten 146–151).

Betrachten Sie Kunststofftöpfe nicht als Modesünde, sondern bedenken Sie die Vorteile dieses Materials. Es spricht mehr dafür, als es zunächst scheinen mag.

- Als erstes haben Kunststofftöpfe den Vorteil, dass sie billig sind. Für erste Anbauversuche liegen Sie damit bestimmt nicht verkehrt – wenn es nicht so sehr auf das Aussehen ankommt. Man kann die Töpfe fast überall für einen Apfel und ein Ei mitnehmen und Sparsame, die in Sachen Warentausch oder Recycling unterwegs sind, bekommen sie gebraucht oft umsonst. Dazu gäbe es noch mehr zu sagen in einer Welt, wo alles immer teurer kommt, als man denkt. Hier geht es um ein universelles Allzweckgefäß.

- Als zweites spricht für Kunststofftöpfe, dass sie in einer großen Bandbreite an Formen, Größen und Farben erhältlich sind, mit praktischen Untersetzern. Erhältlich sind außerdem Aussaatschalen, Töpfe mit 7 oder 9 cm Durchmesser, Anzuchtboxen (auch für die Aufzucht einzelner Pflänzchen vor allem aus größeren Samen) und sogenannte Plugs (professionelle Topfplatten). Für viele Pflanzen und im Hinblick auf eine einfache Kultur ist Kunststoff die beste Lösung.

- Kunststofftöpfe ermöglichen den effektiven Anbau von Pflanzen. Das mag banal klingen, doch meine praktische Erfahrung in Gärtnereien, wo man alternative Materialien ausprobiert hat, ergaben, dass kein anderes Material das Pflanzenwachstum besser unterstützt. Durch die Wasserabzugslöcher zieht überschüssiges Nass ab, doch sie behalten eine optimale Menge an Feuchtigkeit zurück. Die glänzende Oberfläche hat wohl einen förderlichen Effekt, sodass das Material bei Kälte nicht bricht. Man kann die Töpfe einfach zusammenstecken und massenhaft ohne große Probleme lagern. Weil sie leicht sind, kann man sie zudem bequem transportieren – sogar mit der Pflanze darin.

Wäre es nicht schön, es gebe einen ebenso preisgünstigen wie praktischen Topf, der keine schädliche Auswirkung auf die Umwelt hätte? Doch Gärtner müssen auch pragmatisch sein, wenn wir wollen, dass unsere Pflanzen überleben und Erträge bringen – ohne die Beeinträchtigung durch ungeeignetes Material. Wenn es also erforderlich ist, benutzen wir Produkte, die nicht so kohlenstoffneutral und ethisch korrekt sind, wie es wünschenswert wäre. Ich persönlich versuche meinen Einsatz von Kunststofftöpfen so gering wie möglich zu halten (ebenso vermeide ich, wenn irgend möglich, den Einsatz synthetischer Pflanzenschutzmittel und ich arbeite mit torffreien Substraten). Wer ähnlich denkt, kann auf Kreisläufe zum Recycling von Kunststofftöpfen zurückgreifen. Ich empfehle das sehr. Je mehr wir auf diese Weise gärtnern, desto mehr können wir unseren CO_2-Fußabdruck verringern.

Holz ermöglicht eine große Freiheit in der Gestaltung. Sie können ein sehr rustikales, bodenständiges Aussehen bewirken, indem Sie beispielsweise Treibholz verwenden (gesammelt mit offizieller Erlaubnis), oder Sie verwenden Bauholz noch einmal, etwa von Gerüstbrettern.

HOLZ

Dieses Material bietet eine Menge Spielraum, um eigene, passgenaue Gefäße zu erschaffen. Zudem gibt es viele, sehr schöne Gestaltungsvariationen.

- Das bescheidene hölzerne Pflanzgefäß schließt auch eher formale Gestaltungen ein. Gewöhnlich bezieht sich diese Art von Gartendesign auf die Epoche der Renaissance, die in Italien ihren Ausgang hatte. Heute sind solche Gefäße eher typisch für britische und französische Gärten. „Versailler Kästen" nennt man Gefäße mit quadratischem Grundriss, bei denen die Eckpunkte oft mit Kugeln verziert sind. Diese Gefäße sind nicht nur schick, sondern auch praktisch, denn die traditionelle Form lässt sich zum Umtopfen, Düngen, Substraterneuern und Teilen von Pflanzen auseinandernehmen. Das alles geht etwas einfacher, als wenn man den Inhalt aus einem Gefäß ausgraben oder herausziehen muss.

- Mit Holz ist auch ein großes „Aber" verbunden, denn es verrottet. Man kann hochdruckimprägniertes Holz kaufen, das eine wesentlich längere Lebenserwartung hat als unbehandeltes Holz, aber das ist dann nicht unbedingt das schönste Holz. Der Kompromiss besteht darin, das Holz von Zeit zu Zeit zu behandeln oder man muss alles Holz im Freien ersetzen, wenn es altert. Die Verwitterung kann eine stattliche Zahl von Jahren dauern. Tun Sie Holz folglich nicht als zu pflegeaufwendig ab, denn es ist ein herrliches, vielseitiges und, bei zertifizierter Herkunft, ein umweltfreundliches Material.

Als Alternative bietet sich auch eine raffinierte, vornehmere Ausführung an. Zugeschnittenes und geglättetes Hartholz (von Laubbäumen wie Eiche oder Rosskastanie) liefert die optimale Oberfläche für Hochbeete, an denen Pflanzentriebe herabbaumeln. Es gibt auch vorgefertigte Pflanzgefäße aus so einem Holz zu kaufen, doch richtig schick sieht es aus, wenn die Behälter passend zum restlichen Bodenbelag eingefügt werden. Man kann sie zum Beispiel in ein Holzdeck einbauen oder sie können als Trennwände dienen.

Ton bietet eine große Auswahl. Variieren können die Farben, die Form, die Größe, das Aussehen, und im Gegensatz zu den meisten anderen Topfmaterialien sind noch mehr praktische Varianten erhältlich. Für jene allerdings, die ihr Geld zusammenhalten wollen, sind Tontöpfe eher nachteilig, denn häufig avancieren sie zum Kunstobjekt, verknüpft mit einem hohen Preis. Doch es gibt auch hier Möglichkeiten zu sparen. Ich habe neulich eine Ladung Tontöpfe von einer Freundin mitgenommen, die ihre Gärtnerei aufgegeben hatte. Sie wollte hunderte Tontöpfe loswerden – ich gab ihnen eine neue Heimat.

TON & KERAMIK

Töpfe aus Ton sind extrem beliebt. Das Wort „Topf" bezeichnet häufig einfach nur das Gefäß. Davon leiten sich „Töpfer" und „Töpferei" ab. Viele gute Gründe sprechen seit jeher für die Verwendung dieses Materials.

- Zuerst muss man die Robustheit von Tontöpfen hervorheben. Ton hält Hitze wie Kälte, Nässe wie Trockenheit, Wind und jegliche andere Widrigkeit aus. Mancher Ton kann bei sehr kalter und nasser Witterung aufplatzen, weil Wasser, das die Poren angefüllt hat, gefroren ist. Doch für gewöhnlich hält ein Tontopf den allermeisten Wetterbedingungen stand.

- Gute Anregungen bekommen Sie, wenn Sie sich bei den Häusern und Gärten in der Nachbarschaft umschauen und sich dort erkundigen, woher die Besitzer ihre Töpfe haben. Auf diese nette Weise kann man die Nachbarn zugleich kennenlernen – geben Sie aber mir nicht die Schuld, wenn Sie das später bereuen sollten!

- Vielleicht erinnern Sie sich an die blauen Töpfe, die jahrelang in Fernsehsendungen und in Gartencentern vorgeherrscht hatten – ich mag sie heute noch. Mir gefällt das kräftige Blau von Lapislazuli, doch bietet die Vielfalt an Glasuren eine große Auswahl. Was Sie im örtlichen Gartencenter zu sehen bekommen, ist nur ein kleiner Ausschnitt. Es gibt Fachgeschäfte, die sich auf eine große Vielfalt von Töpfen spezialisiert haben, sowie kleine Töpfereibetriebe, die Töpfe anfertigen, manchmal auf Bestellung und oft zu erstaunlich niedrigen Preisen. Schauen Sie sich in Ihrer Umgebung nach Anbietern um.

Selbst eine kleine Auswahl unterschiedlicher Tontöpfe aus dem Handel zeigt die vielen Möglichkeiten an Farben, Formen, Größen und wie man sie im Garten aufstellt.

Ein Gefäß ohne Pflanzen würde ich im Normalfall nicht empfehlen, doch mache ich gern eine Ausnahme für Feuer. Wenn Sie im Garten eine Feuerstelle haben möchten, dann brauchen Sie unbedingt ein Gefäß und dafür ist wiederum Stein das ideale Material. Die einzige andere Möglichkeit wäre Metall.

STEIN

Im Gegensatz zu Ton bietet Stein eher ästhetische als praktische Vorzüge. Das heißt: Suchen Sie nicht nach kleinen Versionen, um Sämlinge darin zu ziehen. Doch Steingefäße bestechen einfach durch ihre Schönheit.

- Es gibt sie sowohl in rustikalen als auch in überaus modernen Ausführungen, momentan zeichnet sich ein Trend hin zu marmorähnlichen Gefäßen mit matter Oberfläche ab – in etwa im Stil des Parthenon auf der Akropolis, aber ohne die üppige Dekoration. Steinerne Gefäße sind in der Regel recht groß und in Verbindung mit der erforderlichen Handwerkskunst summiert sich ein dicker Rechnungsbetrag.

- Unbestritten besticht ein ausgearbeitetes steinernes Objekt durch seine Schönheit, es unterstreicht das Design eines Gartens und wertet ihn auf. Aufgrund seiner Größe und Pracht mutet ein steinernes Pflanzgefäß als Teil der Gartenausstattung und als Element in der Raumnutzung an. Es kann Teile der Gestaltung miteinander verbinden, zum Beispiel Bauten wie Terrassen oder Mauern mit einbeziehen oder ergänzen. Das Pflanzgefäß wirkt so als Teil der Gestaltung und weniger als Zutat.

- Rustikales Aussehen kommt nie aus der Mode, sofern es bewusst eingesetzt wird, es steht eine Vielzahl an solchen Gefäßen zur Auswahl. Die rustikalen Steingefäße sind oft kleiner als ihre eleganten, glatten Gegenstücke, dadurch passen sie hervorragend in kleinere Gärten.

- Falls der Preis echten Naturstein unmöglich macht, kann man auf eine Vielzahl von preisgünstigeren Alternativen aus Kunststein zurückgreifen. Viele werden direkt nach natürlichem Vorbild gegossen, dadurch sehen sie in der Verwendung ziemlich gleich aus.

Wenn Sie Gefäße aus Stein in den Garten integrieren wollen, können Sie auch selbst welche bauen. Behälter in Mauern entstehen, indem man in der Struktur eine Lücke zum Bepflanzen lässt. Falls Sie die Mauern selbst bauen oder bauen lassen, entscheiden Sie über die Ausführung. Sie können Pflanzgefäße einbauen und in Bezug auf Farbe, Textur, Form, Weite oder Höhe bestimmen. Sie können glatt und modern werden oder rustikal. Sogar eine Trockenmauer ist möglich, in deren Fugen kleinere Pflanzen wachsen können.

Unabhängig von der Bepflanzung ermöglichen aus Steinen oder Ziegeln aufgebaute Gefäße das nahtlose Einbinden von Pflanzen in das Design. Gartengestalter und Gärtner praktizieren dies seit Jahrhunderten: Sie setzen sie ein, um die harten Kanten von Baumaterialien abzumildern.

METALL

Für Pflanzgefäße wird Metall zunehmend beliebter. In ihrer Vielfalt an Formen, Größen und Farben wirken sie technisch und modern. Schön sieht Metall aus, wenn es wenig vorhersehbar altert und im Wechselspiel mit den Elementen Blasen, Unregelmäßigkeiten und kräftige Farben entwickelt.

Wenn Sie einen Metallbehälter kaufen, weil er Ihnen gefällt, wie er ist, und er so bleiben soll, kommen verschiedene Metalle in Frage, die ihr frisches Aussehen dauerhaft behalten. Außerdem (wenn es noch so öde klingt) sind sie leicht zu reinigen. Falls es aber genau das ist, was Sie sich wünschen, fragen Sie nach verzinktem Stahl, da dieser überhaupt nicht anwittert. Es sind günstige eimerähnliche Gefäße und andere Metalltöpfe im Handel erhältlich. Praktisch, wie sie sind, bieten sie sich als erschwingliche Alternative zu Plastik an. Sie erwecken ganz von selbst den Anschein von Upcycling (gerne ohne Geranien!).

- Viele Metalle haben die wunderbare Eigenschaft, dass sie ansehnlich altern. Im Verlauf der Jahreszeiten und unter dem Einfluss der Witterung verändern sich Farbe und Patina, im Gegensatz zu anderen Materialien werden sie mit dem Alter immer schöner. Das beste Beispiel dafür ist Eisen, das eine bräunlich orange Färbung annimmt. Oder denken Sie an alte kupferne Kirchtürme mit ihrer lebhaft grünen Farbe oder an rötliches oxidiertes Messing.

- Wenn Sie verwittertes Metall mögen, müssen Sie nicht zwingend seine Unbeständigkeit lieben. Sie können Gefäße aus Cortenstahl in Betracht ziehen, die gleichförmig angerostet aussehen und dabei zugleich modern und gealtert wirken. Es lohnt sich, danach Ausschau zu halten.

- Ein weiterer Vorteil von Metall ist seine magnetische Wirkung. Solche Töpfe sind nicht gerade billig, dafür aber haben sie ihren besonderen Reiz. Es gibt kleine Gefäße, die man einfach an den Kühlschrank oder an andere metallische Oberflächen im Garten anheftet (siehe Seite 96), sie sind ideal für Kräuter. Dadurch entsteht im Handumdrehen eine lebende Wand, ohne dass man Halterungen und Rahmen festschrauben muss. Die Gefäße lassen sich leicht auswechseln oder übers Jahr erneuern. Mit solch einer lebenden Wand sind Sie sehr flexibel, denn Sie können die Gefäße jederzeit an eine andere Stelle verschieben, je nachdem, wie gut es den Pflanzen geht. Leidet eine Pflanze unter zu viel Wind, stellt man sie tiefer, leidet eine andere unter dem Schatten, kann man sie nach oben in die Sonne rücken.

Bei einem Gefäß aus Metall, das altern wird, müssen Sie die Innenseite behandeln, sonst versauert der entstehende Rost die Erde. Bohren Sie unbedingt Löcher in den Boden!

GLAS

Sie werden sicherlich nicht sofort an Glas denken, wenn es um die Verwendung von Gefäßen im Garten geht – uns kommt Glas immer empfindlich und brüchig vor. Allerdings werden seine Vorzüge mehr und mehr geschätzt, zu Recht. Seit Jahrhunderten verwenden wir Glas als Glocken, für Gewächshäuser, Frühbeetkästen und viele andere Elemente.

- Diese praktischen Verwendungsformen sind ziemlich aus der Mode gekommen, doch meiner Meinung nach ist Glas das ideale Basismaterial für das Gärtnern draußen im Garten. Glas ist haltbar und glasfaserverstärkt oder armiert wird es noch vielseitiger. Wo aber kleine Kinder wohnen, sollte man dennoch gründlich darüber nachdenken, wieviel Glas man im Garten einsetzt – besonders, wenn die Gefäße nicht aus armiertem Sicherheitsglas hergestellt sind. In allen anderen Fällen steht der Verwendung nichts im Weg.

- Glas ist nicht so fest wie Stein oder so biegsam wie Metall, doch es unterscheidet sich in seiner Beschaffenheit nicht so sehr von Ton, ist aber im Gegensatz zum Ton durchsichtig. Dadurch eröffnen sich uns neue Möglichkeiten für den Anbau von Pflanzenarten und der Gestaltung.

- Wir verwenden Gefäße in ziemlich einförmiger Weise: Wir füllen Substrat ein und ziehen darauf Pflanzen. Würden wir sie zu tief einsetzen, würde ihnen das erforderliche Licht fehlen. Daher schränkt beispielsweise Ton unsere Anbaumöglichkeiten ein (sofern man ihn nicht speziell dazu einsetzt, Licht auszuschließen, wie beim Antreiben von Rhabarber im Frühling). Mit Glasgefäßen umgehen wir das Problem, sie können zum Minigewächshaus mutieren. Dadurch entsteht im Kleinen ein günstiges Mikroklima, Wärmestrahlung kommt mit dem Photonenstrom hinzu, die Luftfeuchtigkeit steigt und erlaubt die bislang unmögliche Kultur von einem anderen Pflanzensortiment, einschließlich tropischer und subtropischer Arten.

- Nachhaltigkeit ist heutzutage wichtig und dies ist ein weiterer guter Grund Glasgefäße zu verwenden, wenn es nämlich um das Thema Recycling geht. Jede Menge Glas wandert durch unsere Wohnungen, als Flaschen, Trinkgefäße oder Behälter für Marmelade, Honig, Kräuter und Gewürze. Sie können all diese Dinge als Pfandglas zurückbringen oder über den Glascontainer recyceln, doch Sie können sie auch in etwas kreativerer Weise aufwerten, damit meine ich Upcycling. Gebrauchtes Glas kann schöne und sehr einfache Behälter ergeben, indem man es entweder traditionell als Pflanzgefäß einsetzt, oder aber als Terrarium und um tolle Geschenke zu basteln.

- Da schon das Material durch seine Klarheit besticht, plädiere ich diese auch beim Substrat bzw. seinem Ersatz zu nutzen. Viele Pflanzen gedeihen einfach in Wasser, aus dem sie all ihre Nährstoffe entnehmen. Zieht man solche Pflanzen in Glasgefäßen, hat man die interessante Gelegenheit, die Pflanzen und das Ökosystem um sie herum zu beobachten. Sie werden die Wurzeln auf ganz neue Art und Weise wahrnehmen! Das ergibt Anschauungsmaterial für Kinder und macht auch visuell viel her, besonders wenn dahinter eine Lichtquelle aufgestellt wurde.

- Allen Hobbygärtnern sei versichert, dass die Kultur in Wasser und im Glas nicht nur den speziellen und wunderbaren Wasserpflanzen vorbehalten ist: Viele Gemüsearten wie Salat, Lauch und Zwiebeln kann man in purem Wasser ziehen. Stecken Sie einfach die Pflanze mit intakten Wurzeln oder dem Zwiebelboden in ein mit Wasser gefülltes altes Marmeladenglas am Fenster.

MINITEICH

Ein Miniteich im Gefäß kann jede beliebige Größe, Form oder Ausführung haben. Man kann einen Teich in Wannen oder Becken anlegen, die Behälter bestehen aus Kunststoff, Glas, Metall, Mauerwerk oder Stein, die Form ist eckig, rund, sechseckig, eingesenkt oder erhöht. All das ist denkbar. Wenn Sie einen natürlich wirkenden Teich bevorzugen, unterstützen Sie gleichzeitig die Tierwelt. Doch Sie dürfen sich auch für ein modernes Aussehen entscheiden. Mit einem Miniteich können Sie sich die wunderbaren Wasserpflanzen in den Garten holen, die üblicherweise nicht in einem gewöhnlichen Pflanzgefäß wachsen.

TÖPFE IN GRUPPEN

Viele Töpfe nebeneinander zu platzieren ist eine sehr traditionelle, doch unglaublich effektive Art, Pflanzen zu präsentieren. Gärtnern im Topf erlebt neuerdings eine Art Renaissance, mit einer neuen Anmutung. Die Darstellung von Töpfen unterschiedlicher Größe und Form erstreckt sich über alle drei Dimensionen, Podeste heben die im Hintergrund in die Höhe, ein gestaffelter Aufbau wird zum idealen Gestaltungsmittel, ganz besonders auf kleinem Raum.

- Eine tolle Wirkung erzielen Sie im Garten – mit dem Sie auch umziehen können –, wenn Sie drei oder vielleicht auch fünf geschmackvolle Töpfe gruppieren (arbeiten Sie immer in ungeraden Ziffern). Die Töpfe können dieselbe Farbe (auch verschieden schattiert) haben oder unterschiedlich gefärbt sein. Das kommt auf Ihren Geschmack an. Am besten sehen variable Größen aus.

- Setzen Sie eine reduzierte Bepflanzung ein (monochrom in Grün oder einer anderen Farbe), sodass eine stilvolle Gruppe entsteht. Rot und Grün wirken markant, während Grün mit Pastelltönen wie Blassblau, Rosa, Lila, Hellgelb und Weiß etwas feinsinniger aussehen. Aus Grünem und hellerem Grün kann etwas total Modernes entstehen, auch Grün und Fastschwarz (genauer tiefes Dunkelviolett) bringt eine auffällige Wirkung. Kräuter wie Thymian und Rosmarin sehen besonders hübsch aus und sie schmecken, immergrün sind sie außerdem!

Eine Ansammlung blau glasierter Töpfe, Überbleibsel aus den 1990er-Jahren, wurde mit kräftigen, leuchtenden Blumen aufgepeppt. Rotes Blumenrohr würde sich heutzutage prima machen.

Bei wirkungsvollen und ausgefalleneren Pflanzen verzichten wir auf monochrome Kombinationen und gestalten mehrfarbig. Hier entstand eine subtropisch anmutende Atmosphäre mithilfe von Canna, Dahlie, Judasbaum, Fuchsien, Salvie und Funkie. Die Farben von Blättern und Blüten ergänzen sich.

Mit etwas Ausdauer kann eine außergewöhnliche Sammlung von Gefäßen mit einer Vielzahl von Pflanzenarten entstehen. Das ist super für Pflanzensammler. Und wenn sich eine Pflanze verabschiedet, wird sie einfach ersetzt!

SO GEHT'S

Wenn Sie die richtigen Grundlagen schaffen, gelingt die Kultur im Gefäß gut. Das meiste, worauf es beim Gärtnern in Gefäßen ankommt, beruht auf gesundem Menschenverstand, doch gibt es ein paar Kniffe, damit sich die Pflanzen in ihrer kleinen Behausung wohlfühlen. Im Gegenzug wird deren Pflege deutlich einfacher.

In diesem Kapitel zeigen ich Ihnen die verschiedenen Schritte, um eigene Pflanzgefäße zu schaffen. Sie können in jedem Stadium unterschiedliche Möglichkeiten wählen, damit Ihre Gefäße sowohl nützlich sind als auch wunderschön aussehen.

DAS WICHTIGSTE ZUERST: DAS GEFÄSS

Betrachten Sie ein Pflanzgefäß als eigenes kleines Ökosystem. Sie haben den Boden (das Substrat), Tiere (Mikroorganismen, Würmer und Insekten, die im Substrat leben) und schließlich die Pflanzen (die Sie ausgewählt haben). In einem gewöhnlichen Ökosystem wirken diese Einzelteile in unendlicher Komplexität zusammen, sich ständig verändernd und größer als in Ihrem Mini-Ökosystem von Topfgröße. Im Garten bekommen Sie eine Vorstellung davon, was es bedeutet, einen echten Lebensraum mit unzähligen Schichten einander sich beeinflussender Organismen zu schaffen, wobei eine dynamische Sphäre entsteht, die sich mehr oder weniger selbst aufrecht erhält.
In einem Pflanzgefäß ist das anders, das ist das Wichtigste, was man begreifen muss, wenn man darin erfolgreich gärtnern will. Vor allem beim Düngen ist das entscheidend.

Beim Gärtnern in Gefäßen nehmen Sie ein kleines Stück eines Ökosystems heraus und isolieren es. Im Garten haben Sie Flecken, die schattig, sonnig, trocken, feucht, windig, frostig im Winter, geschützt oder irgendwie dazwischen sind. Im Pflanzgefäß ist das nicht der Fall, dort haben Sie so gut wie keine Bandbreite. Passt das Gefäß für trockenheitstolerante Pflanzen, muss jedes Gewächs darin mit Trockenheit zurechtkommen. So gesehen vereinfacht sich die Sache, was besonders für Anfänger oder jene, die es gern simpel haben, interessant ist. Andererseits mindert das Fehlen von natürlichen Abweichungen den Einfluss der Natur. In einer Monokultur oder in einem offensichtlich vereinfachten Mini-Ökosystem fehlt die natürliche Freisetzung von Nährstoffen wie im gewachsenen Boden. Gleichfalls finden sich darin nicht so viele Würmer und Mikroorganismen, um die Erde zu bereichern. Denken Sie an den ersten genannten Vorteil im ersten Kapitel: Sie können ein Pflanzgefäß stets verrücken.

Als großen Pluspunkt haben Sie in einem Pflanzgefäß die absolute Kontrolle darüber, was Sie ziehen und wo Sie das tun. Sie übernehmen so aber auch eine große Verantwortung, denn das Überleben der Pflanzen in einem bestimmten Gefäß hängt fast völlig von Ihnen ab. Wie kommt man also zu einem funktionierenden Verhältnis zwischen Gefäß, Pflanze und Mensch? Es gibt kein Patentrezept, es liegt an Ihnen, die idealen Bedingungen zu schaffen.

Fünf Grundvoraussetzungen brauchen Pflanzen zum Leben:

- Wasser (in wechselnder Menge),
- Luft (sowohl über als auch unter der Oberfläche),
- Nährstoffe – der Bedarf schwankt je nach Pflanze, doch sie brauchen alle die gleichen zwölf Nährelemente (siehe Seite 56),
- Temperatur (die Ansprüche schwanken je nach Art),
- Licht (in unterschiedlicher Menge).

Wenn man ein Pflanzgefäß auswählt oder herstellt, ist zuerst die Größe zu bedenken. Das ist das wichtigste Kriterium, egal welche Pflanze Sie kultivieren wollen. Bestimmte Pflanzen wie etwa Schmucklilien (*Agapanthus*) und Erdbeeren kommen mit sehr geringem Wurzelraum aus und vertragen es gut, wenn die Wurzeln beschränkt werden. Andere wiederum, wie Feigen und Hopfen, wachsen zwar auch im Pflanzgefäß, doch sie gedeihen besser in gewachsenem Boden. In solchen Fällen gilt: Je größer das Pflanzgefäß desto besser. Doch muss der Behälter auch in den verfügbaren Platz passen.

Wenn Sie sich darüber im Klaren sind, haben Sie bestimmt schon eine Vorstellung, wie groß Ihr Pflanzgefäß werden muss. Falls Sie bereits einen Behälter haben und Sie dessen Ausmaße abgeschätzt haben, müssen Sie sich überlegen, welche Pflanzen Sie einsetzen möchten. Haben Sie zum Beispiel in einem Wohltätigkeitsladen eine Teedose für weniger als den Preis einer Tasse Tee erstanden, werden Sie nicht auf die Idee kommen, einen Apfelbaum hineinzustopfen – so viel zum gesunden Menschenverstand. Sie werden Kleineres, Kompakteres in Betracht ziehen, vielleicht in Richtung Erbsensprossen, Brunnenkresse, Kräuter oder eine Erdbeerpflanze. Falls Sie eher Blumen bevorzugen, könnte ein Steinbrech (*Saxifraga*) oder Schafsteppich (*Raoulia*) sehr hübsch aussehen.

Wenn Sie eine riesige Vase oder einen Trog haben, kommen viel größere Pflanzen in Frage, womöglich sogar ein Baum. Ein Japanischer Fächer-Ahorn sieht in einem Pflanzgefäß schön aus und wenn Sie Obst ziehen wollen, können Sie es mit Kirsche, Pflaume oder Birne versuchen. Sie können die unendlichen Möglichkeiten feinsinnig wie kreativ ausschöpfen und unterschiedliche Arten zu einer wunderbaren Gruppe zusammenstellen. Blüten in Komplementärfarben oder nach anderen Vorlieben ausgewählt, gedeihen harmonisch nebeneinander in einem Gefäß. Wollen Sie die Palette mehr einschränken, könnten Sie gänzlich unterschiedliche Arten in einer bestimmten Farbe wählen. Minimalisten könnten ein großes Pflanzgefäß mit einer Art bestücken, was einen schlichten, geordneten und gedämpften Eindruck vermittelt.

MATERIAL

Als nächstes müssen Sie das Material bedenken, aus dem das Pflanzgefäß besteht. Was die Pflanzen betrifft, gibt es da kleine Unterschiede.

KUNSTSTOFF Mit seiner glatten, glänzenden Oberfläche eignet er sich gut für Pflanzen, die ein hohes Maß an Feuchtigkeit lieben. Die Gefäße halten Wasser, das nicht durch die Wände sickert.

TON (nicht glasiert) funktioniert gut mit Pflanzen, die einen optimalen Wasserabzug bevorzugen. Er wirkt zudem bei zu warmem Wurzelraum, da das poröse Material Wasser verdunsten lässt und dadurch die Erde abkühlen kann. Glasierter Ton – besonders mit einer Glasur auf der Innenwand – erlaubt kein Sickern von Wasser, er eignet sich eher für feuchtigkeitsliebende Pflanzen.

METALL ist kein einfaches Material für Pflanzgefäße, obwohl es toll aussehen kann. Es neigt dazu in der Sonne extrem heiß zu werden, und es gibt nur wenige Pflanzen (wenn überhaupt), die es aushalten, dass die Wurzeln so heiß werden. Eine Clematis zum Beispiel wird einfach ihre „Zehen" anziehen und sich weigern zu blühen, wenn die Wurzeln beinahe zu kochen beginnen. Jedoch wollen manche Pflanzen „gebacken" werden, damit sie blühen, oft sind das Knollengewächse, die Speicherorgane besitzen. Man setzt sie gewöhnlich so, dass die Sprossachse dem Licht ausgesetzt ist. Ein typisches Beispiel dafür ist die Sumpf-Schwertlilie. Diese Art von Blumen kommen mit einem Metallgefäß solange gut zurecht, wie sich genug Erde zwischen der metallischen Kante und den Wurzeln befindet. Im Allgemeinen ist es aber klüger, in das Metallgefäß ein anderes (möglichst aus Kunststoff) zu stellen, um die Wärmemenge zu senken, die in die Erde eindringt, und um folglich die darin wachsende Pflanze zu schützen.

HOLZ Solche Pflanzgefäße sind ziemlich vielseitig, doch da sie gewöhnlich mit einer vor Rotte schützenden Folie ausgekleidet sind, bieten sie sich eher für Pflanzen an, die lieber in frischem Untergrund wurzeln. Allerdings können Sie mit einem Bohrgerät ein paar Dränagelöcher in die Folie bohren. Dann entstehen gute Behälter für Pflanzen, die trockenere Bedingungen bevorzugen.

Natürlich stehen auch noch Pflanzgefäße aus vielen anderen Materialien zur Verfügung, ich habe versucht, die wichtigsten abzudecken. Doch gleich welches Material Sie verwenden, beachten Sie eine Grundvoraussetzung immer: Wasserabzugslöcher.

DRÄNAGE

Der Wasserabzug ist sehr wichtig beim Topfgärtnern. Es gehen mehr Pflanzen durch zu viel Wasser kaputt als durch Wassermangel, vor allem in Zeiten unvorhersehbarer Witterung.

Für die meisten Pflanzen kommt man mit mindestens einem großen oder mehreren kleinen Dränagelöchern am Grund des Gefäßes aus. Behalten Sie den klassischen Plastiktopf im Auge, in dem Sie die Pflanzen im Gartencenter gekauft haben: Er hat am Boden mehrere Löcher und das zeigt Ihnen, wie gut der Wasserabzug für die meisten Pflanzen sein muss. So unansehnlich und wenig umweltfreundlich diese Töpfe auch sein mögen, sie sind unbestritten die geeignetsten Behälter für die Kultur unserer Pflanzen.

Wichtig ist es, für bestimmte Pflanzen das richtige Maß für den Wasserabzug zu finden, das muss man bei der Pflanzenauswahl berücksichtigen. Eine stattliche Anzahl von Pflanzenarten braucht viel Wasser, zum Beispiel sind Moorbeete in den letzten Jahren immer beliebter geworden. Das ermutigt dazu, Pflanzen zu ziehen, die in wassergesättigter oder dauerhaft feuchter Umgebung wachsen. Wenn Sie sich für ein Moorbeetgefäß entscheiden, bringen Sie unten am Pflanzgefäß ein kleines Dränageloch an, nur um sicherzustellen, dass die Erde nicht völlig vernässt und wachstumsfeindlich wird. Belassen Sie es aber bei einem, sonst wird die Dränage zu stark und dann eignet sich das Gefäß nicht mehr für die gewünschten Pflanzen. Falls Sie einen Miniteich in einem Gefäß anlegen wollen, brauchen Sie überhaupt keine Wasserabzugslöcher. Das Gegenteil ist der Fall: Wenn Sie da Löcher anbringen, werden Sie weniger ein Paradies für Wasserpflanzen schaffen, sondern es eher mit Ihrer Hausratsversicherung (oder der Haftpflichtversicherung) zu tun bekommen, wenn das Gefäß ausläuft.

SCHERBEN

Mit grobem Material lässt sich die Dränage verbessern. Dafür eignen sich Steine, Styroporbrocken oder die am gebräuchlichsten Tonscherben. Sie werden am Grund des Gefäßes hineingegeben, bevor man das Substrat einfüllt.

Wie viel Sie davon brauchen, hängt wiederum von den Bedingungen ab, die Ihre Pflanze benötigt. Logischerweise braucht eine Pflanze umso mehr grobes Material, je besser sie Trockenheit verträgt. Doch sogar für feuchtigkeitsliebende Pflanzen sollte man ein paar Stücke am Boden einlegen, um nasse, schlammige Erde, angefüllt mit Krankheitskeimen, zu vermeiden. Staunässe behindert das Wachstum und kaum eine Pflanze mag diese Art von Nässe. Sogar in einem Teich setzt man sauerstoffanreichernde Gewächse ein, damit Luft an die Wurzeln der Wasserpflanzen kommt. Ein schlammiger Grund bringt nur Verdruss. Legen Sie also ein paar Steine oder Tonscherben auf dem Boden aus, damit das Wasser von oben schnell nach unten durch die Erde sickert. Das Dränagematerial kann außerdem die Aussparungen im Gefäß bedecken, damit beim Gießen die Erde aus dem Inneren nicht so leicht durch die Dränagelöcher nach außen fällt. Vorteile in jeder Hinsicht.

SUBSTRAT

Als nächstes müssen Sie sich mit dem Substrat befassen. Damit sind wir beim Wesentlichen angelangt und die Dinge werden ein bisschen komplizierter. Anders, als es bei den vorigen Überlegungen meist der Fall ist, wählen Sie die Erde nicht nur einmal, um Pflanzen hineinzusetzen. Jedes Substrat muss alle ein oder zwei Jahre ersetzt werden, damit die Pflanzen gedeihen (siehe Seite 152).

In Fachkreisen spricht man beim Wachstumsmedium von einem Substrat, ganz einfach weil viele Pflanzen nicht zwingend in Erde wurzeln. Ein Miniteich in einem Trog zum Beispiel (Seite 106) enthält nur Wasser, während eine Orchidee am besten auf Korkstücken wächst. Wählen Sie das richtige Substrat und Sie haben schon mehr als den halben Weg zum erfolgreichen Topfgärtner geschafft. Wenn Sie sich unsicher fühlen, folgen Sie der allgemeinen Regel, dass die meisten Pflanzen neutrales bis leicht saures Substrat wollen.

SUBSTRATE FÜR PFLANZEN

Säureliebende Pflanzen	Moorbeeterde
Nutzpflanzen (Obst und Gemüse)	Nährstoffreiches Substrat (mit Mist)
Kräuter	Durchlässiges Substrat mit Sand- oder Splittzugabe
Aussaaten und Stecklinge	Nährstoffarmes Substrat
Nadelbäume	Leicht saures Substrat
Feuchtigkeitsliebende Pflanzen	Humusreiches Substrat
Wasserpflanzen	Wasser
Orchideen	Kork oder Rinde
Kakteen und andere Sukkulenten sowie Trockenheit liebende	Gut dräniertes Substrat mit viel Sand oder Splitt

Substratmischungen stehen oft in langer Tradition. Etliche Generationen vor uns haben Torf als wichtigstes Wachstumsmedium genutzt, die Gründe dafür waren vielfältig. Als erstes weil Torf Feuchtigkeit so gut hält, ohne zu vernässen. Zweitens enthält er wenig Nährstoffe, was bedeutet, dass man jedwede Nährstoffe ganz genau auf den Bedarf hin abgestimmt hinzufügen kann. Allerdings bringen viele Torfmischungen entscheidende Nachteile mit sich. Torf ist ein gefährdetes und immer mehr schwindendes Material. Torfmoore wurden in tausenden von Jahren aufgebaut und sind einzigartige Lebensräume. Trotz intensiver Forschung sind die Wissenschaftler nicht in der Lage, Bedingungen nachzustellen, unter denen sich Torf bildet. Daraus folgert, dass wir eine endliche Ressource vernichten, wenn wir Torf dem Substrat zugeben. Es hat durchaus seinen Sinn, auf torffreie Alternativen zu achten, die in immer besserer Qualität erhältlich sind. Ich versuche darauf, wann immer es geht, zurückzugreifen.

Trotz allem gibt es auch ein paar Einschränkungen für die Alternativen. Kokosfaser zum Beispiel eignet sich wirklich gut, sie ergibt ein torffreies Substrat und fällt als Abfallprodukt bei der Kokosnussverarbeitung an. Oft wird sie allerdings mit Arbeitsbedingungen in Verbindung gebracht, die wenig mit Fairtrade-Standards zu tun haben. Dazu kommt dann der weite Transport.

Eine andere naheliegende Alternative zu Torf ist erdbasiertes Substrat, das Sie selbst herstellen können. Dazu mischen Sie eigene Gartenerde (oder gekauften Oberboden) mit Kompost und Laubmull bzw. kompostiertem Laub. So entsteht eine kostengünstige Lösung. Der einzige Nachteil besteht darin, dass das Wasserhaltevermögen schwankt, je nachdem welche Bodenart Sie verwendet haben. Vielleicht müssen Sie die Dränage durch Untermischen von Bodenzuschlagstoffen verbessern (siehe Seite 54).

Ich schätze kompostierte Binsen als Grundlage für ein Topfsubstrat sehr. In diesem leichten und wasserdurchlässigen Material können sich Pflanzen gut entwickeln. Es ist wirklich eine tolle Alternative zu Torf, weil es sich um einen voll und ganz erneuerbaren Rohstoff handelt.

Sie können jetzt also das für Sie geeignete Substrat wählen. Als nächstes geht es darum, was Sie damit anfangen.

BODENZUSCHLAGSTOFFE

Verschiedene Zuschlagstoffe können Sie dem Substrat vor dem Bepflanzen des Gefäßes untermischen, damit die Pflanzen gesünder bleiben, und – was wichtig ist – auf Dauer Ihre Pflege erleichtern. Um welche Materialien geht es und was bewirken sie?

SPLITT ODER SAND

Ich kann Ihnen aus leidvoller Erfahrung versichern: Es ist nicht schön, viele vernässte Gefäße zu leeren, die monatelang im eigenen Saft moderten! Die Sache lässt sich leicht vermeiden, indem man ein wenig Sand oder ein paar Löffel voll Splitt bzw. Feinkies untermischt. Keiner dieser Stoffe beeinträchtigt die Pflanzen und es bringt Vorteile beim Gärtnern. Für Pflanzen, die guten Wasserabzug brauchen, wie Blumenzwiebeln (gerade Lilien) oder mediterrane Gewächse wie Thymian und Lavendel, rate ich zu einer Mischung von Substrat zu Splitt oder Sand im Verhältnis 1:1. Diese Erde hält Wasser und Nährstoffe, stützt die Wurzeln, während der Zuschlagstoff das Ablaufen von Wasser begünstigt und Vernässung unterbindet. Weniger trockenheitsverträglichen Pflanzen hilft man mit ein paar Löffeln voll Splitt oder Sand auf die Sprünge. In einem Sumpfgefäß oder Teich beschränken Sie Splitt auf ein Minimum. Kakteen und andere Sukkulenten wachsen in Splitt mit nur etwas Substrat.

WASSERSPEICHER

Außerdem gibt es Material zum Untermischen, das zur Speicherung von Wasser beiträgt. Stoffe mit diesen Eigenschaften gibt es in allen möglichen Formen und Größen. Im Angebot finden sich Granulate und Kugeln aus Hydrogel, die glasig aussehen und Feuchtigkeit langsam abgeben, während sie schrumpfen. Erhältlich sind auch wasserhaltende Zeolithe, die wie kristallines Salz aussehen und anschwellen, wenn Sie das Pflanzgefäß wässern. Danach setzen sie die Feuchtigkeit allmählich frei. Das heißt, Sie müssen weniger oft gießen. Solche Stoffe sind hervorragend geeignet für Hängekörbe oder Gefäße, an die man schlecht hinkommt, oder wenn Sie einmal kurz wegfahren. Am einfachsten fügt man diese Kügelchen dem Substrat zu, wenn man die Gefäße bepflanzt. Auf diese Weise vermeiden Sie Wurzelschäden, die beim späteren Untergraben entstehen könnten, dann wenn die Pflanzen eigentlich schon eingewachsen sind.

PERLITE + VERMICULIT

Vielleicht klingen diese Wörter eher nach Optionen, um Superman zu töten, als nach Dingen, die man im Garten einsetzt, doch seien Sie versichert: Perlite und Vermiculit sind klasse. Perlite entsteht aus vulkanischem Gestein und ähnelt ein wenig Bims. Das Ausgangsgestein wird aber auf ungeheuer hohe Temperaturen erhitzt und bläht sich dadurch auf. Die kleinen Steinstückchen sind chemisch völlig inaktiv (inert), das heißt, sie enthalten keine Nährstoffe und außerdem nichts Bedenkliches. Sie speichern Feuchtigkeit aufgrund der luftigen Poren, die beim Erhitzen entstanden sind, doch sie können kaum mehr. Aus diesem Grund eignet sich Perlite so gut für Stecklinge, denn die Triebe können bewurzeln, ohne dass sie überdüngt werden, was nur zu schwachem Wuchs führen würde. Perlite eignet sich ebenso hervorragend als Zuschlagstoff für das Substrat, denn es verbessert die Dränage und trägt zur Wasserspeicherung bei.

Perlite ist außerdem erstaunlich leicht, dadurch eignet es sich hervorragend als Zuschlag oder Ersatz für Splitt oder Sand in einem Hängekorb oder einem Fensterkasten, der aus statischen Gründen nicht zu schwer werden darf. Dieses völlig natürliche Material widerspricht keinen biologischen Grundsätzen, obwohl etwas Energie zum Erhitzen des Steins erforderlich ist und auch Transportmeilen hinzukommen. Mit Perlite verbessern Sie das Substrat auf kostengünstige, einfache und effektive Weise. Versuchen Sie es für eine allgemeine Verwendung im Pflanzgefäß mit einer Mischung zu gleichen Teilen mit Topfpflanzensubstrat. Für Aussaaten und Stecklinge nehmen Sie Vermehrungssubstrat oder mischen Topfsubstrat, Sand und Perlite im Verhältnis 2:1:1. Verwenden Sie bei feuchtigkeitsliebenden Pflanzen nicht zu viel Perlite.

Vermiculit ist ein ähnliches Produkt wie Perlite und wird auch in ähnlicher Weise eingesetzt. Vermiculit ist extrem leicht und hält Feuchtigkeit fest, es enthält aber auch Luft, sodass es in gewissem Maß Gasaustausch in der Erde ermöglicht. Vermiculit entsteht durch Hydratisieren von Mineralien. Weil es so leicht ist, verwendet man es oft zum Abstreuen der Bodenoberfläche, besonders bei Aussaaten, um die Samen mit einer wasserhaltenden Schicht abzudecken. Vermiculit bewahrt seine Struktur nicht so gut wie Perlite, im Boden wird es zusammengequetscht und zerbricht in viele kleinere Stücke. Das ist nicht schlecht, nur eben ein Unterschied zum stabilen Perlite. Im Endeffekt erfüllen beide Materialien dieselbe Aufgabe, nur das eine länger als das andere.

DÜNGER

Sie müssen die Pflanzgefäße über ihre ganze Lebensspanne hinweg mit Nährstoffen versorgen. Am einfachsten fügen Sie Dünger hinzu, wenn Sie die Gefäße zuerst bepflanzen, dann können Sie ihn gleichmäßig im Substrat verteilen. Auf diese Weise erhalten die Wurzeln – sowohl die vorhandenen als auch die neu hinzukommenden – Nährstoffe in gleicher Menge. Mischen Sie Dünger gleichzeitig mit Splitt, Sand oder Perlite (oder allen drei) in die Erde oder das Substrat ein und geben Sie etwas Laubkompost und wasserspeicherndes Granulat hinzu. Füllen Sie alles ins Gefäß und setzen Sie die Pflanzen ein. Fertig.

NÄHRSTOFFE

Welchen Dünger soll man nehmen? Zwölf Nährstoffe sind für Pflanzen erforderlich, sie finden sich in nahezu allen Düngeprodukten, in kleineren Mengen im Boden und im Substrat. Um folgende Nährstoffe geht es:

- **Stickstoff**
- **Phosphor**
- **Kalium**
- **Magnesium**
- **Kalzium**
- **Schwefel**
- **Eisen**
- **Bor**
- **Mangan**
- **Zink**
- **Molybdän**
- **Kupfer**

Drei dieser zwölf Nährstoffe benötigen die Pflanzen in beträchtlich höheren Mengen als den Rest, ihr Anteil wird auf jeder Packung im Verhältnis der chemischen Elemente angegeben: Sie finden das Verhältnis von N (Stickstoff): P (Phosphat): K (Kali). Man spricht von Haupt- oder Makronährstoffen. Die anderen Bestandteile sind nicht auf der Düngerpackung ausgewiesen, denn sie werden nur in minimalen Mengen gebraucht.

Wozu sind die drei Hauptnährstoffe gut? Stickstoff brauchen die Blätter der Pflanze. Wenn Sie ein Gehölz oder eine krautige Pflanze eher wegen des Blattschmucks ziehen, wählen Sie Dünger mit einem höheren Stickstoffanteil (N). Das Gleiche gilt für Blattgemüse. Im Fall von organischen Düngemitteln kommt so etwas wie Stallmist in Frage. Hühnermist hat einen besonders hohen Stickstoffgehalt.

Phosphor wird von den Wurzeln benötigt. Daher muss man bei jeder Pflanze mit einem schwachen Wurzelwerk für ein gutes Angebot sorgen. Das gilt auch für Gewächse mit Knollen, Rhizomen oder jeder Art von Speicherwurzel, also für Dahlien oder Wurzelgemüse wie Möhren. Sie alle verlangen höhere Phosphatanteile.

Kalium wird für die Teile zur Vermehrung einer Pflanze benötigt, für Blüten und Früchte. Für alle Pflanzen, die Sie allein der Früchte oder Blüten wegen ziehen, verwenden Sie Dünger mit hohem Kaliumanteil. Wer ein organisches Produkt sucht, findet in Algen und Fledermausmist gute Lösungen.

Alle Pflanzen brauchen alle diese Nährstoffe, dazu noch etliche mehr und so gut wie alle Dünger enthalten mehr von Stickstoff als von jedem anderen Element. Lassen Sie sich nicht davon abhalten, einen Dünger zu kaufen, nur weil er zum Beispiel viel Stickstoff enthält, Sie aber ein Produkt mit hohem Kaliumanteil suchen. Schauen Sie sich dann nach dem Produkt mit dem höchsten Kaliumanteil um und beherzigen Sie, dass es immer noch mehr Stickstoff als alles andere enthält.

DÜNGERFORMEN

Die vielen verschiedenen Dünger auf dem Markt lassen sich einteilen in langsam oder schnell lösliche. Ein langsam löslicher Dünger bleibt wochen- oder monatelang im Gefäß erhalten, er entlässt die Nährstoffe allmählich in das Substrat und gewährleistet eine beständige Nährstoffversorgung. Ein schnell löslicher Dünger liefert eine sofortige Flut an Nährstoffen. Er stößt bei Bedarf das Wachstum an, ist aber nur wenige Tage später verpufft. Beide können natürlichen oder synthetischen Ursprungs sein, organisch oder anorganisch. Ich bevorzuge organische Produkte. Gewöhnlich erhält man sie in Form von Mist (entweder von Pferden, den man oft am leichtesten bekommt, von Kühen oder Hühnern). Mist muss ein halbes bis ein ganzes Jahr ablagern, bevor man ihn ins Substrat mischen kann. In der Praxis heißt das, man lässt den Mist draußen liegen, gewöhnlich unter einer Abdeckung, bis giftige Substanzen wie Ammoniak entwichen sind und die Umwandlung in pflanzenverwertbare Verbindungen wie Nitrate stattfand.

Als weiterer organischer Dünger kommt Mehl von Blut oder Knochen in Frage. Das körnige Material wird mit der Erde gemischt oder unmittelbar um die Wurzeln der Pflanzen herum gestreut. Es handelt sich um einen langsam löslichen Dünger, stickstoffreiches Blutmehl baut sich allmählich über zwei oder drei Jahre ab, phosphatreiches Knochenmehl wirkt einige Monate lang. Hornmehl wird rasch gelöst und aufgenommen, es bleibt aber mindestens ein paar Wochen lang in der Erde erhalten.

Man muss berücksichtigen, dass Dünger umso schneller ausgewaschen wird, je durchlässiger das Substrat ist. Hier muss man einen Ausgleich finden. Im Idealfall streben Sie gut durchlässiges Substrat an, das Feuchtigkeit zurückhält, es sei denn, die Pflanze stellt spezielle Ansprüche.

Ein super schnell löslicher Dünger ist Beinwelljauche, die ich viel verwende. Wenn Beinwell im Garten wächst, bekommen Sie den Dünger umsonst, Sie können ihn auch in der Natur sammeln. Es lohnt sich, Beinwell im Topf zu ziehen, schon damit man immer diese wertvolle Flüssigkeit zur Verfügung hat (siehe rechts).

Beinwelljauche wirkt wie Tomatendünger, man gibt sie mit dem Gießwasser.

Wer Beinwell selbst zieht und eine längere Wirkung anstrebt, kann die Blätter klein schneiden und in die oberste Erdschicht untermischen (oder darauf legen). Dadurch bekommt man ein langsamwirkende Düngerversion der Beinwelljauche.

Neben diesen organischen Varianten finden Sie im Gartencenter anorganische Produkte in allen genannten Versionen. Langsam lösliche Dünger gibt es gewöhnlich in pillierter Form oder Pelletform. Sie entlassen ihre wertvollen Bestandteile über zwei oder drei Monate hinweg in die Erde.

Lesen Sie vor dem Ausbringen von Dünger immer erst die Anleitungen auf der Packung. Ein Überdüngen spart keineswegs Zeit, es kann im Gegenteil Schäden bewirken, entweder in Gestalt von gestörtem Wuchs oder im schlimmsten Fall stirbt alles ab. Mehr bringt in Sachen Düngung nicht unbedingt mehr, ein gesundes Gleichgewicht ist das Beste.

ALTERNATIVE DÜNGEMITTEL

Es gibt noch viele andere Mistformen als schon genannt, doch kann es schwierig werden, an sie heranzukommen. Fledermausmist hat einen unwahrscheinlich hohen Kaliumgehalt. Wenn Sie also von einer Gruppe erfahren, die sich für den Schutz von Fledermäusen einsetzt, oder wenn jemand einen Fledermauskasten hat, mag es sich lohnen, Kontakt aufzunehmen. Mist von Alpakas ist außerdem sehr gefragt. Vielleicht gibt es auch eine Alpaka-Farm in Ihrer Nähe. Er hat den ganz großen Vorteil, dass er überhaupt nicht ablagern muss. Er wandert sozusagen vom Hinterteil in den Topf. Tragen Sie beim Umgang damit Handschuhe!

BEINWELLJAUCHE

Pflücken Sie Blätter von der Beinwellpflanze und legen Sie sie in einem Eimer voll Wasser ein. Rühren Sie den Mischmasch zwei Monate lang alle paar Tage um (wenn Sie einen großen Stein auflegen, bleiben die Blätter unter Wasser). Achtung, der Geruch kann etwas streng sein. Sinnvoll ist es, einen Deckel aufzulegen und den Eimer in einem wenig genutzten Teil des Gartens aufzustellen! Nach zwei Monaten kann die Beinwelljauche in die Gießkanne abgegossen werden. Man verdünnt ein Teil Beinwell-Lösung mit zehn Teilen Wasser. Das ergibt eine Kopfdüngung für Pflanzen.

MULCHEN

Beim Bepflanzen eines Gefäßes gehört es zu einer der letzten Arbeiten. Mulchen muss nicht sein, aber es lohnt sich. Mit Mulch ist eine Auflage über der Substratoberfläche gemeint, sie bringt unbestrittenen Nutzen.

Das Mulchen erleichtert Ihnen die Arbeit, denn es ist erstaunlich effektiv. Es drängt Unkräuter zurück, weil kein Licht zur Erde vordringt und sie sich nicht entwickeln können. Die Mulchschicht verhindert außerdem, dass das Pflanzgefäß zu viel Wasser verliert, was die Gießintervalle verlängert. Schließlich sieht sie wesentlich besser aus als blanke Erde.

Mulchen ist keine Pflicht, die Pflanzen werden ohne so eine Auflage nicht eingehen. Wenn Sie aber in Gefäßen kultivieren wollen, die gut aussehen, trägt das sehr zur Aufwertung bei.

Feinkies sieht in der Regel am besten aus, doch Sie können auch Rinde verwenden, Filz, Vlies oder sogar Kompost, der Nährstoffe beisteuert.

UNTERSETZER

Ist das Gefäß mit all seiner Ausstattung wie Dränage, Dünger, Mulch und schließlich der Bepflanzung fertig, muss man nur noch angießen. Dafür ist dann ein Untersetzer überaus praktisch.

Ein Untersetzer ist ein Auffanggefäß für überschüssiges Wasser, das durch das Substrat hindurch aus den Dränagelöchern läuft. Es bietet viele Vorteile. Es verhindert zunächst, dass Flächen, auf denen Pflanzgefäße stehen, ruiniert werden. Auf einem Holzdeck, Balkon, Fensterbrett oder auf Platten sollte nie Wasser für längere Zeit am Gefäß haften. Mit einem Untersetzer müssen Sie auch weniger oft gießen, denn Wasser, das einfach durch das Substrat läuft, sammelt sich darin und wird über kapillare Kräfte zurückgehoben. Die Wurzeln saugen das Wasser ähnlich wie über einen Strohhalm auf. Das schont übrigens auch die Umwelt, denn es wird weniger Wasser vergeudet. Passen Sie dennoch auf, Ihre Pflanzen nicht zu übergießen, grundsätzlich wollen Gewächse nicht ständig in Nässe stehen. Achten Sie darauf, dass in den Untersetzern nicht andauernd Wasser steht.

Untersetzer sind aber nicht nur sehr praktisch, sie können auch attraktiv aussehen. Schalenförmige Untersetzer befinden sich unten am Gefäß und wirken unauffällig. Übertöpfe dagegen bedecken Ihre Pflanzgefäße völlig, das heißt, Sie können in jeden alten, billigen Behälter pflanzen, den Sie in einen hübschen, schmucken Übertopf stecken.

Ist das Gefäß sehr groß und Sie wollen die Unterlage schonen (oder wenn der Belag überaus dekorativ ist und Sie Schäden durch das Gefäß befürchten), können Sie es auf ein Gestell als Abstandshalter zum Boden setzen.

Handlich und zugleich praktisch – so eine Kombination sollte man nicht unterschätzen!

PROJEKTE

Es gibt eine große Auswahl an Gefäßen in Gartenmärkten und in Haushaltswarengeschäften, für hochwertige Modelle benötigt man aber oft eine Spezialanfertigung, was nicht selten mit einer dicken Rechnung einhergeht. Nichts hält Sie jedoch davon ab, Ihre eigenen, individuellen Pflanzgefäße anzufertigen oder Behälter aus dem Handel auf raffinierte Weise in Ihren Garten zu integrieren. Angefangen von Töpfen bis hin zu Paletten bieten sich viele Möglichkeiten, kostengünstig und einfach jedes beliebige Pflanzgefäß zu bauen und Töpfe dekorativ aufzustellen.

Alle Pflanzen in einem Gefäß bekommen die gleichen Bedingungen. Die Kombinationen in den Projektbeispielen gedeihen gut zusammen. Man kann sie leicht anpassen, doch müssen alle Pflanzen nebeneinander die gleichen Wachstumsbedingungen haben.

1

WARME TÖNE AUF EINER LEITER

🕐 **EIN NACHMITTAG**

Eine alte Trittleiter aus Holz macht sich gut als Gestell und bietet eine tolle platzsparende Präsentationsfläche für Ihre besten Pflanzen. So eine rustikale Stufenfolge sieht spannend aus, wenn darauf Pflanzen in einer zeitgemäßen Farbauswahl stehen. Ich habe mich für warme Töne entschieden, damit alles ein wenig tropisch und ausgefallen wirkt. Das Ganze funktioniert auch im Landhausgartenstil oder in Pastelltönen. Mit einem neutralen oder dunklen Anstrich, etwa in Marineblau, setzt sich die Leiter von der Bepflanzung ab, doch Feuer bekommt man mit einem kräftigen Überzug – in Königsblau, Hochrot oder Orange – oder allen drei Farben. Oder Sie malen nur die Töpfe an.

SIE BRAUCHEN

Eine alte Trittleiter aus Holz
Allzweckfarbe fürs Freie in gewünschtem Ton (ganz nach Belieben)
Schellen und Schrauben zum Befestigen der Leiter
Jede Menge Tontöpfe – am besten in verschiedenen Größen
Substrat
Eine Mischung aus Pflanzen in warmen Tönen und gedeckt
Wie wär's mit einer zweiten Staffel für die Wintermonate, mit Betonung auf das Laub und immergrünen Arten wie Farne, Skimmie, Mäusedorn, Immergrün, Nadelgehölze oder Gräser

SO GEHT'S

1. Streichen Sie zuerst die Leiter an, wenn Sie dies möchten.
2. Stellen Sie die Leiter an ihren Platz. Die Pflanzen sind der Blickfang, das ist wichtig für die Wahl des Hintergrunds. Eine neutrale Wand hebt die Blütenwirkung hervor. Berücksichtigen Sie bei der Platzwahl auch praktische Dinge. Man soll nicht über die Leiter stolpern und muss sie gut wahrnehmen können. Doch sie soll die Nutzung des Raumes nicht beeinträchtigen.
3. Befestigen Sie die Leiter sicher an der Wand oder am Boden. Verwenden Sie Schellen, die an der Leiter befestigt und an Wand oder Boden festgeschraubt werden.
4. Füllen Sie die Töpfe zur Hälfte mit Substrat, setzen Sie rote und gelbe sowie violette und silberne Pflanzen ein – je mehr Töpfe desto besser die Wirkung. Moderner sieht eine Beschränkung der Topfzahl aus – bleiben Sie bei einer bestimmten Anzahl pro Brett: Mit dreien klappt es gut, überhaupt sieht eine ungerade Anzahl immer besser aus.
5. Stellen Sie die Töpfe so auf, dass die höchsten Pflanzen die Gewächse darüber möglichst wenig verdecken. Das Farbgemisch muss ausgewogen wirken, leuchtende Farben müssen gleichmäßig verteilt sein. Die Pflanzen auf den höheren Rängen bekommen mehr Sonnenlicht als die auf den unteren.
6. Gießen Sie regelmäßig. Geben Sie blühenden oder fruchtenden Pflanzen wie Rudbeckien, Dahlien, Tomaten und Chilis die ganze Wachstumszeit über kaliumreichen Dünger.

Pflanzen in warmen Farben
Hochrote Knaller
Verbene
Begonie
Rudbeckie
Zinnie
Gazanie
Montbretie
Dahlie
Sonnenbraut
Haargerste
Salvie
Kardinals-Lobelie
Mohn
Sonnenhut
Efeu 'Goldheart'
Schwarzäugige Susanne
   (die beiden letzten
   können schön herab-
   hängen)

Strukturpflanzen zum Ausgleichen
Feurige Töne können ein wenig heftig wirken, man sollte sie mit etwas Strukturbildendem abmildern. Einen Versuch lohnen:
Violetter Salbei
Zierlauch
Silber-Greiskraut
Echter Honigstrauch
Violetter Zierkohl
Lavendel
Steppen-Salbei
Blauraute
Edeldistel
Wermut

2
PALETTENKÜBEL MIT OLIVENBAUM

🕐 **EIN NACHMITTAG**

Wählen Sie die Paletten mit Bedacht aus, denn die Bretter, die über dem Rahmen bzw. den Klötzen liegen, bestehen manchmal aus massivem Holz, manchmal aus Pressspan. Manche sind bereits gesplittert, andere wieder nicht, jene, die oben keine Lücken haben, bieten mehr brauchbares Holz.

Das Holz von Paletten ist nie vorbehandelt, das müssen Sie entweder selbst machen oder Sie passen bei der Pflanzenauswahl auf – es kommt nichts mit hohem Wasserbedarf in Frage, das Gefäß muss geschützt vor starken Regenfällen stehen. Deshalb habe ich ein Olivenbäumchen zum Einpflanzen gewählt: Es kommt mit voller Sonne und etwas Wind zurecht und es braucht sehr wenig Wasser. Eine perfekte Pflanze für ein Palettengefäß.

SIE BRAUCHEN

Schutzkleidung, einschließlich Handschuhen und Schutzbrille
Pflanzschaufel / Stemmeisen
Ein oder zwei Paletten (Sie brauchen für die Seiten des Kastens jeweils 30 cm im Quadrat. Sie können die Stücke aus dem Rahmen schneiden oder die Bretter ablösen, dann brauchen Sie weniger Paletten.)
Säge
Hammer
Schrauben und Schraubendreher
Tackergerät
Durchlässiges Vlies oder Gewebe
Gewaschener Feinkies oder Splitt
Kübelpflanzensubstrat
Olivenbaum
Schieferbruch
Kiesmulch (bei Bedarf)

SO GEHT'S

1. Mit der Schaufel oder dem Stemmeisen lösen Sie die Bretter von den Klötzen. Das kann ein wenig schwierig sein und geht besser auf einer festen Unterlage. Ist Ihnen das zu mühsam oder splittert das Holz, bevor es sich abhebt, schneiden Sie es heraus. Aber dies verkürzt die Länge der Bretter.
2. Schlagen Sie mit dem Hammer alle Nägel aus dem Holz, um die Verletzungsgefahr zu mindern.
3. Errichten Sie aus dem dickeren Holz der Klötze einen Würfel. Er muss groß genug sein, möglichst um mindestens ein Drittel größer als der Wurzelballen Ihres Baumes, damit die Wurzeln wachsen können (gewöhnlich mindestens 30 cm Kantenlänge).
4. Schneiden Sie die Bretter auf eine größere Länge zurecht, als der Würfel hoch ist. Schrauben Sie sie daran fest, entweder horizontal oder vertikal, wie es Ihnen besser gefällt.
5. Schrauben Sie Bretter an die Unterseite des Würfels, lassen Sie Lücken dazwischen, damit überschüssiges Wasser ablaufen kann.
6. Drehen Sie den Würfel richtig herum, dann tackern Sie an der Innenseite als Einlage ein Vlies oder durchlässiges Gewebe fest.
7. Mischen Sie Splitt oder Feinkies mit dem Kübelpflanzensubstrat, etwa zu gleichen Teilen oder mit höherem Splittanteil als Substrat.
8. Füllen Sie unten eine Handbreit des mit Splitt vermischten Substrates ein. Setzen Sie den Olivenbaum ein und füllen Sie das restliche Substrat in die Leerräume. Gießen Sie gut an, dann legen Sie oben Schieferbruch auf.

13 TOLLE ALTERNATIVEN ZUR OLIVE

Zistrose (*Cistus laurifolius, C. × purpureus*)
Scheinquitte
Himmelsbambus
Abelie
Gänseblümchenstrauch
Ölweide
Eukalyptus
Blasenbaum
Judasbaum
Akazie (*Acacia dealbata*)
Echter Honigstrauch
Mehlbeere

3

PRÄRIE-ATMOSPHÄRE IN METALL

Alternativ eignen sich Braunblättriger Wasserdost 'Chocolate' und Rutenhirse 'Heavy Metal'.

 EINE STUNDE

In den letzten Jahrzehnten wurden Bepflanzungen nach dem Vorbild der Prärie immer beliebter. Dafür kommt üppiges Grün zum Einsatz, besonders von Gräsern. Im Kontrast dazu stehen typische Blüten der Prärien und Savannen. Das sieht modisch aus, ist pflegeleicht und funktioniert an den meisten Standorten. So eine Bepflanzung bietet rundum Vorteile, erst recht in einem stilvollen Gefäß. Manche Gräser sind immergrün und sehen das ganze Jahr über gut aus, was immer ein Pluspunkt ist.

Ich setze Metall als zeitgemäßes Material in Kombination zur Bepflanzung ein, doch Sie können jede Art von Gefäß verwenden. Bei Metall müssen Sie zwischen Gefäß und Substrat eine Schutzhaut einbringen, um die Wurzeln vor Verbrennungen durch das heiß werdende Metall zu schützen.

TIPP
Blumenzwiebeln bringen zusätzlichen Schmuck.

Meine Auswahl:
Gräser Japan-Segge (panaschiert) und Chinaschilf (*Miscanthus sinensis*)
Blumen Schokoladen-Kosmee (*Cosmos atrosanguineus*), doch wird jede Korbblüte einen Eindruck von Prärie vermitteln.

IDEEN FÜR EINE PRÄRIE IM GEFÄSS

Gräser nach Wahl
Ich verwendete panaschierte Japan-Segge und China-Schilf, in Frage kommen Reitgras, Pfeifengras, Rutenhirse, Lampenputzergras, Japan-Berggras, Schwingel oder Federgras

Blumen nach Wahl
Ich verwendete Schokoladen-Kosmee; es eignen sich außerdem Korbblütler wie Sonnenhut, Rudbeckie, Sonnenbraut, Sterndolde, Alpenmargerite, Mädchenauge, einjährige Sonnenblumen und einfach blühende Dahlien, im Schatten Herbst-Anemonen. Dazu einjähriger Mohn, Argentinisches Eisenkraut.

SIE BRAUCHEN

Ein ausgedientes Gefäß zum Upcyceln für mindestens zehn Pflanzen
Bohrmaschine mit Metallaufsatz
Wasserdichte Folie aus Kunststoff, dick genug für eine bestmögliche Isolation, oder Luftpolsterfolie, in die man Dränagelöcher schneidet
Scherben, Splitt oder kleine Steine
Substrat: fast jede Gartenerde eignet sich, in der Regel passt Oberboden, gemischt mit Topfpflanzensubstrat für die meisten Pflanzen
Sand
Gräser nach Wahl
Blütenpflanzen nach Wahl

SO GEHT'S

1. Bohren Sie mindestens fünf große Dränagelöcher (Durchmesser 2 cm) in den Boden des Gefäßes.
2. Breiten Sie die Folie im Gefäßinneren aus. Sie müssen das Material nicht festmachen (das geht bei Metall sehr schlecht), es wird automatisch nach dem Einfüllen des Substrates angedrückt. Wenn Sie wollen, können Sie die Folie bis zum Befüllen mit Substrat durch ein Kreppband fixieren.
3. Machen Sie fünf große Löcher in die Einlage, an den Stellen, wo sich die Dränagelöcher am Gefäßboden befinden, damit Wasser ablaufen kann.
4. Legen Sie am Gefäßboden reichlich Tonscherben aus. Sie müssen nicht alles bedecken, doch je mehr desto geringer die Gefahr von Staunässe. Falls Sie nicht genug zerbrochene Tontöpfe haben, eignen sich auch grober Splitt oder kleine Steine.
5. Mischen Sie etwas Sand unter das Substrat, es reichen ein paar Hand voll.
6. Füllen Sie in das Gefäß zu zwei Drittel die Substratmischung ein.
7. Arrangieren Sie Gräser und Blumen im Gefäß – welche Position hängt vom späteren Standort ab (siehe rechte Seite). Spielen Sie ein wenig mit der Anordnung, bis sie Ihnen gefällt, doch können Sie sie später noch ändern, falls Sie es sich anders überlegen.
8. Füllen Sie in alle Lücken um die Wurzelballen das restliche Substrat ein. Gießen Sie dann gut an.
9. Versorgen Sie die Pflanzen während der Wachstumszeit mit etwas langsam löslichem Dünger, aber übertreiben Sie es nicht. Stauden brauchen nicht so viele Nährstoffe wie einjährige Pflanzen.

PFLANZEN IM GEFÄSS ANORDNEN

Möchte man das Pflanzgefäß später von allen Seiten betrachten können, ist man versucht, die höchsten Gewächse in die Mitte zu setzen. Doch kann man besonders in modernen Arrangements tolle Effekte bewirken, wenn man Pflanzen hinter höheren Kombinationspartnern verbirgt, sodass man sie nur aus bestimmten Blickwinkeln sehen kann. Steht das Pflanzgefäß vor einer Wand, platzieren Sie die höchsten Pflanzen in den Hintergrund, damit alle Gewächse am besten zur Geltung kommen. Sie können auch alles aus einer Ecke herabfließen lassen. In vielen Präriebepflanzungen sind die Pflanzen einer Art linear angeordnet, was sich immer gut macht.

BEPFLANZTE ARBEITSSTIEFEL

 EINE STUNDE

Das Großartige an Arbeitsstiefeln ist, dass sie so riesig sind. Was fangen Sie damit an, wenn sie ihren Dienst getan haben? Wenn sie sowieso durchgelaufen und alt geworden sind, kann man sie zu kaum mehr etwas gebrauchen. Doch mit ihrem verschwenderischen Volumen bieten sie sich für Pflanzgefäße regelrecht an.

Dieses Projekt sollte man im Frühjahr umsetzen, damit die Beetpflanzen Zeit haben, sich schön zu entwickeln. Bei der Pflanzenauswahl picken Sie sich Ihre Lieblingsfarben heraus. Die von mir gewählten Arten (siehe rechte Seite) sind überall erhältlich, man bekommt sie in vielen Farben und Sie können die Zusammenstellung jedes Jahr abändern. Sie können auch Stauden auf diese Weise ziehen, müssen die Pflanzgefäße aber dann jedes Jahr düngen und alle paar Jahre das Substrat wechseln. Die Stiefel sind sehr vielseitig. Befreit von den Pflanzen kann man die leichten Gefäße herumschieben, damit sie ganzjährig für sich wirken und holt so das Maximum aus ihnen raus.

SIE BRAUCHEN

Ein altes Paar Arbeitsstiefel oder mehrere
Bohrgerät (bei Bedarf)
Scherben
Topfpflanzensubstrat
Depotdünger oder Düngergranulat
Beetpflanzen nach Wahl – am besten Jungpflanzen im Frühjahr. Ich verwendete Hohe und Gewöhnliche Studentenblumen, Petunien, Begonien, Silber-Greiskraut.

SO GEHT'S

1. Bohren Sie in die Sohlen ein paar Löcher – falls sie noch keine selbst von der Überbeanspruchung haben. Seien Sie vorsichtig, wenn die Stiefel eine Stahlzwischensohle besitzen.
2. Legen Sie zur Dränage ein paar Stücke Tonscherben unten hinein.
3. Füllen Sie Substrat mit ein wenig untergemischtem Dünger ein. Bohren Sie mit einem Pflanzstab oder mit dem Finger Löcher ins Substrat und setzen Sie eine Jungpflanze in jedes Loch. Drücken Sie rundherum die Erde an.
4. Gießen Sie die fertigen Stiefel, düngen Sie alle zwei Wochen flüssig mit Tomaten- oder Algendünger beziehungsweise mit Beinwelljauche (Seite 57). Ist die Blütenpracht vorbei, sammeln Sie an einem trockenen Tag Samen fürs nächste Jahr und nehmen die Pflanzen zum Kompostieren heraus.
5. Die Blütenpflanzen wachsen im Stiefel in fast alle Richtungen, solange sie genug Sonne sowie reichlich Wasser und Nährstoffe haben. Schützen Sie sie jedoch vor starken Winden, damit die zarten Triebe nicht knicken.

> In meinem farbenfrohen Pflanzbeispiel habe ich hauptsächlich klassische Beet- und Balkonpflanzen wie Petunien, Silber-Greiskraut, Studentenblumen und Begonien verwendet.

5

NATURNAHER GARTEN IN ALTEM KOFFER

EINE STUNDE

Ein Ökosystem nach natürlichem Vorbild entsteht im Garten, wenn Sie ein Paradies nicht nur für sich selbst, sondern auch für die Tierwelt anlegen. Schmetterlinge und Bienen lassen den Garten wie eine kleine abgeschiedene Wildnisecke erscheinen, und mit Tieren kann man Kinder hervorragend für die Wunder der Natur begeistern. Übrigens blühen insektenfreundliche Pflanzen reich und schön. Das ist gut für die Bienen und für uns.

Für eine etwas andere und wesentlich billigere Wildnisecke verwenden Sie statt einem großen Pflanzgefäß einen alten Koffer. So etwas finden Sie auf dem Flohmarkt oder bei Haushaltsauflösungen zu einem Bruchteil des Preises, den Sie für ein übliches Gefäß derselben Größe zahlen. Der Koffer muss der Witterung standhalten, wählen Sie einen aus Holz oder zähem Leder. Er wird im Verlauf von Jahren etwas verwittern, doch dies verstärkt nur den Vintage-Look. Sie werden sich wundern, wie gut sich Leder macht – sogar in freier Natur.

SIE BRAUCHEN

Einen alten Koffer aus Holz oder zähem Leder, so tief, dass ein Drei-Liter-Topf darin Platz hat, und breit genug für mindestens sechs Pflanzen

Bohrgerät (oder ein Taschenmesser bzw. Cuttermesser)

Gewaschenen Splitt oder Feinkies, dazu Kies zum Mulchen

Schmetterlingsflieder, Salvie, Fetthenne, Lavendel, Borretsch, Zierlauch, Phlox, Malve, Hebe, Kandelaber-Ehrenpreis, Mohn, Fingerhut, Glockenblumen

Substrat (leicht) mit Rinde oder Splitt

SO GEHT'S

1. Bohren oder schneiden Sie Löcher in den Kofferboden wegen der Dränage. Je mehr desto besser, denn diese Pflanzen benötigen eine gut durchlässige Erde, Sie brauchen mindestens fünf ordentliche Löcher.
2. Stellen Sie den Koffer an seinem endgültigen Platz zum Bepflanzen auf. (Einen kleinen Koffer können Sie auch nach dem Bepflanzen noch umstellen.)
3. Füllen Sie eine 2,5 bis 5 cm hohe Schicht aus Splitt oder Feinkies auf dem Boden ein und bedecken Sie alles mit einer knapp 10 cm hohen Schicht Substrat. Darin sollten Sie die Pflanzen einsenken können, sodass deren Wurzelballen etwa 2,5 cm hoch über den Kofferrand hervorschaut. Auf diese Weise verhindern Sie zu tiefes Eingraben der Pflanzen.
4. Ordnen Sie die Pflanzen schön an. Hohe Pflanzen wie Schmetterlingsflieder und Salvien sollten im Hintergrund stehen, damit sie den anderen nicht das Licht abschirmen. Fetthenne mag den Platz an der Vorderfront, wo die Triebe über die Kanten herabfallen können.
5. Wenn Ihnen die Anordnung gefällt, füllen Sie mehr Substrat ein, bis das Niveau der Erde knapp unter dem Kofferrand liegt.
6. Breiten Sie auf der Substratoberfläche eine Lage Feinkies oder Splitt aus.
7. Gießen Sie die Bepflanzung ausgiebig, sodass alle Wurzeln guten Kontakt zur Erde haben.
8. Schneiden Sie den Schmetterlingsflieder im zeitigen Frühjahr zurück, damit er während der Wachstumszeit gut nachtreibt. Schneiden Sie Lavendel im Frühling zurück, aber nicht bis in die verholzten Triebe. Die anderen Pflanzen schneiden Sie im Herbst zurück, man muss sie vor strengem Frost schützen. Geben Sie jährlich zur Düngung etwas Kompost, ergänzen Sie die Mulchschicht und erneuern Sie das Substrat alle paar Jahre.

TIPP Dieses Pflanzprojekt steht am besten in der Sonne oder im Halbschatten, denn die Pflanzen hier mögen alle Sonne. So gewährleisten wir außerdem, dass die Insekten die Blüten besonders gut sehen.

KRÄUTERGARTEN FÜRS FENSTERBRETT

🕐 **EINE STUNDE**

Aus der Sicht des Gärtners macht die Anzucht von Kräutern viel Freude. Sie kommen mit geringsten Mengen Wasser, Dünger und Wurzelraum aus, dadurch kann man sie einigermaßen erfolgreich auf kleinster Fläche ziehen. Zu Beginn können Sie Pflanzen im Gartencenter kaufen oder Sie ziehen sie aus Samen groß – das gilt besonders für Basilikum, der aus Samen gezogen unvergleichlich schmeckt. Die Kräuter im Gartencenter wurden zum Weiterkultivieren angezogen, weniger für den sofortigen Verzehr. Ich würde sie allem, was man im Supermarkt kaufen kann, vorziehen.

Ein weiterer Vorteil bestimmte Kräuter zusammen in einem Topf zu ziehen ist, dass dann alle Pflanzen die gleichen Ansprüche stellen. Das trifft gerade auf Mittelmeerkräuter wie Oregano, Thymian, Rosmarin, Salbei und Majoran zu, die alle eher trockene (sprich leicht feuchte), gut durchlässige Erde und volle Sonne bevorzugen. Das erspart Enttäuschungen durch ungeeignete Kulturbedingungen, wodurch manche Pflanzen vertrocknen, während andere gedeihen.

Diese Kräuter brauchen nicht viel Platz für die Wurzeln, wild wachsen sie auf felsigem Grund. Sie können daher dieses kleine Gefäß auf ein Fensterbrett oder in den kleinsten Innenhof quetschen.

TIPP Stellen Sie die Kiste an einen Platz, wo Sie beim Kochen oder Essen gut hinkommen. Als Mittelpunkt eines Tisches im Garten wirkt sie ungemein passend, da sie Kräuterdüfte verströmt, während man im Freien isst, außerdem kann man sich dann gleich darin bedienen.

SIE BRAUCHEN

Eine alte Holzkiste, die auf ein Fensterbrett oder in die Tischmitte passt
Bohrmaschine mit 1-cm-Aufsatz
Blumentopferde
Splitt
Kräuter nach Wahl

SO GEHT'S

1. Bringen Sie am Grund des Gefäßes einige Löcher an – Kräuter brauchen eine ausgezeichnete Dränage, bohren Sie daher mindestens zwei Löcher für jede Pflanze, jedes mit mindestens 1 cm im Durchmesser. Je mehr Löcher desto besser.
2. Mischen Sie etwa zu gleichen Teilen Splitt unter das Substrat, füllen Sie den Großteil in die Kiste ein.
3. Ordnen Sie die Kräuter im Gefäß an, Farben und Texturen sollen gleichmäßig verteilt sein – die rotblättrigen oder jene mit riemenförmigen Blättern dürfen nicht alle in einer Ecke stehen. Verteilen Sie ähnlich aussehende Pflanzen rundum für ein ausgewogenes Bild.
4. Füllen Sie alle Leerräume um die Pflanzen herum mit dem restlichen Substrat auf, gießen Sie gut an.
5. Dieses Gefäß braucht nicht viel Pflege, doch mit dem Beernten nehmen wir den Kräutern die Blätter und nach einiger Zeit wollen Sie vielleicht etwas ramponiert wirkende Pflanzen ersetzen. Die meisten Mittelmeerkräuter kommen mit geringsten Wasser- und Nährstoffmengen aus, nur Basilikum und Koriander wollen mehr Wasser.

Hier wachsen Thymian, Rosmarin, Salbei, Schnittlauch und gelbblättriger Majoran.

7

MOORBEET IM SPÜLSTEIN

 EINE STUNDE

Spülsteine sehen schön aus. Nicht von ungefähr kosten sie ein Sümmchen, selbst wenn sie gebraucht angeboten werden. Sie eignen sich wunderbar zur Verschönerung des Gartens, denn sie sind sauber, glatt und weiß, dadurch wirken sie modern. Doch sind sie ebenso rustikal und robust genug, um Gewicht und Klasse zu demonstrieren. Sie bieten sich für zwei Verwendungsformen regelrecht an – einen Miniteich oder ein Moorbeet. Sie lassen nämlich wenig Möglichkeiten für eine Dränage zu, man müsste Löcher in den Boden bohren, was ihren Wert herabsetzen würde. Aus einem Spülstein wird ganz leicht ein Moorbeet. Es strahlt unaufgeregt Stil aus und wirkt ein wenig geheimnisvoll.

SIE BRAUCHEN

Substrat

Wasserspeicherndes Granulat oder Hydrogel

Spülstein oder ein anderes geschlossenes Gefäß; es kommt auch ein Trog oder eine Wanne aus Metall in Frage, oder eine große Schüssel. Sie benötigen sehr wenige Dränagelöcher – ein kleines sollte genügen, um das meiste der überschüssigen Feuchtigkeit abzuleiten.

Pflanzen aus der Auswahl rechts, aber bedenken Sie die geringe Größe eines Spülsteins, wählen Sie höchstens drei Pflanzen. Soll es modern aussehen, bleiben Sie bei nur einer Art.

Ligularien (*Ligularia dentata* 'Othello' oder *L. amplexicaulis* 'Britt Marie Crawford')
Schaublatt
Knöterich
Sumpf-Vergissmeinnicht
Rhabarber (*Rheum palmatum*)
Wasserdost
Asiatische Sumpf-Iris (*Iris laevigata*)
Trollblume
Bach-Nelkenwurz
Etagen-Primel
Gräser
Flatter-Binse
Steife Segge
Farne
Königsfarn
Straußfarn
Wald-Frauenfarn
Schachtelhalm

SO GEHT'S

1. Mischen Sie wasserspeicherndes Granulat oder Hydrogel gemäß den Herstellerangaben mit dem Substrat.
2. Füllen Sie die Substratmischung in den Spülstein, bedecken Sie das Abflussloch mit Kies oder Scherben, um Wasserabzug zu ermöglichen und damit es nicht zu Luftabschluss kommt (siehe rechte Seite).
3. Setzen Sie die Pflanzen in das Substrat ein und gießen Sie an.
4. Die Pflanzen dürfen nie austrocknen. Prüfen Sie regelmäßig, ob die Erde noch feucht ist. Sobald Blätter schlaff werden, sich kräuseln oder spröde werden, füllen Sie eine ordentliche Menge Wasser nach. Dennoch ist es wesentlich, dass die Pflanzen nicht ständig im Wasser stehen. Eine gute Feuchtigkeit ist gerade richtig.
5. Abgestorbene Pflanzen schneiden Sie bis zum Herz oder wenige Zentimeter über der Substratoberfläche zurück.
6. Schützen Sie das Herz der Pflanzen bei extremer Kälte, indem Sie sie mit Vlies oder Stroh abdecken. Moorpflanzen mögen es nicht übermäßig kalt. Gerade das Mammutblatt (*Gunnera*) braucht in Mitteleuropa einen sehr guten Winterschutz.

Vermeiden Sie wachstumsfeindliche Bedingungen. Falls die Erde beständig nass ist und die Feuchtigkeit nicht abfließen kann, entstehen staunasse, anaerobe Verhältnisse. Nach einer gewissen Zeit reichern sich Pilze und Bakterien an, die zu einem hohen Sulfatanteil führen, dadurch erschwert sich die Nährstoffaufnahme für die Pflanzen sehr. Dauern diese Verhältnisse längere Zeit an, entsteht ein toxisches Milieu, in dem die Pflanzen nicht länger überleben können.

8

PFLANZENWAND AUS PALETTEN

 EIN NACHMITTAG

Paletten liefern die avantgardistische Antwort zu nahezu jeder Designaufgabe. Wie bereits in Projekt zwei erwähnt, bedeutet das Ablösen der Bretter und das Entfernen der Nägel bei Palettengärten den unangenehmsten Teil der Arbeit. Bei diesem Projekt verzichten wir darauf, wir verwenden die Palette, wie sie ist. Achten Sie nur darauf, dass Sie eine schöne erwischen, ohne gebrochenes Holz oder hervortretende Splitter.

Von einer grünen Wand geht Feuchtigkeit aus, daher sollten Sie an der Rückseite eine Kunststofffolie befestigen und die Wand vorbehandeln, bevor Sie die Palette anbringen. Ein wasserdichter Anstrich fürs Freie eignet sich oder Sie wählen feuchtigkeitsfeste Fassadenfarbe. Eine mit Pflanzen befüllte, gegossene Palette hat einiges an Gewicht, daher eignet sich zum Befestigen keine einhäuptige Wandschalung, auch nicht eine Trockenmauer oder brüchiges Gemäuer. Haben Sie irgendwelche Bedenken, sollten Sie einen Fachmann konsultieren, bevor Sie mit dem Projekt anfangen.

Wenn Sie sich schließlich nach einem Platz für Ihre grüne Wand umsehen, sollten Sie nach Süden oder nach Norden ausgerichtete Flächen meiden, denn diese werden entweder leicht zu heiß oder feucht und kalt. Eine Ausrichtung nach Westen bzw. Südwesten oder Osten bzw. Südosten ist eindeutig günstiger.

SIE BRAUCHEN

Wasserdurchlässige Einlage (Vlies)
Eine alte Palette (oder ein anderes Objekt für eine grüne Wand)
Tackergerät oder Breitkopfstifte und Hammer
Stück dicke Kunststofffolie
Bohrmaschine mit Bohrmeißel und Schraubendreheraufsatz
Dübel
Schrauben
Substrat
Wasserspeicherndes Granulat
Pflanzen nach Belieben, am besten mit ein paar herabhängenden Formen

Arten mit kleinem Wurzelballen funktionieren am besten, etwa Erdbeeren, Salat, Labkraut, Frauenmantel, Farne, Sukkulenten und alpine Pflanzen wie Steinbrech. Wer an den Nutzen denkt, kann Kräuter und Gemüse ziehen (die meisten einjährigen Gemüsearten entwickeln sich, doch neigt vor allem Blattgemüse unter dem relativen Stress zum Schießen). In Frage kommen Tomaten, Chilis, Salat, Spargel- und Sprossenkohl, Erdbeeren usw. Wer Zierpflanzen bevorzugt, kann Pflanzen verwenden wie Lavendel, Rosmarin (vor allem eine kriechende Form), Efeu, Fetthenne und andere Sukkulenten, hängende Lobelien, Feinstrahl usw. Sie können Ihrer grünen Wand ein zusätzliches Farbthema zuweisen – violett wäre eine gute Idee, denn es gibt viele essbare und zierende rotblättrige Sorten, die auf engem Raum gedeihen (siehe Seite 98).

Wenn Ihnen das lineare Erscheinungsbild einer Palette gefällt, können Sie sie sowohl in der Vertikalen wie in der Horizontalen verwenden. Für eine vertikale Gestaltung kleiden Sie alle Zwischenräume mit Folie aus und füllen Substrat ein. Pflanzen Sie in die Aussparungen und lassen Sie alles am Boden flach liegen, solange bis die Wurzeln die Erde festhalten – sonst fällt alles heraus. Diese Variante ist dann viel schwerer und daher schwieriger an der Wand zu befestigen. Sie werden Hilfe brauchen.

SO GEHT'S

1. Befestigen Sie das Vlies hinter jedem horizontalen Brett mithilfe eines Tackers oder mit Breitkopfstiften. Verwenden Sie es doppelt, wenn es besonders stabil werden soll. Die Tiefe der Klötze sollte genügen, um eine Pflanze aufzunehmen. Die Palettenzellen müssen breit genug für einen ganzen Wurzelballen sein. Die Bretter sollten nicht tiefer als die Pflanzen liegen, Sie müssen daher Gewächse im 9-cm-Topf oder kleiner kaufen.

2. Befestigen Sie die dicke Kunststofffolie hinter der gesamten Palette mit Tackergerät oder mit Breitkopfstiften, um die Wand vor Nässe zu schützen.

3. Bohren Sie mindestens sechs Löcher in die Wand (je zwei unten, oben und in der Mitte), je mehr Befestigungspunkte, desto besser wird es halten. Legen Sie die Dübel ein. Falls Sie Bedenken haben, lehnen Sie die Palette schräg gegen die Wand. Eine Befestigung ist dann nicht zwingend nötig.

4. Befestigen Sie die Palette mit passenden Schrauben für die Dübel an der Wand (verwenden Sie ausreichend viele, damit es wirklich gut hält).

5. Mischen Sie wasserspeicherndes Granulat gemäß den Anleitungen auf der Packung unter das Substrat.

6. Füllen Sie die Substratmischung in die Palettenzellen. Setzen Sie in jede Substratrinne Pflanzen ein, aber so, dass jede genug Platz hat, um sich zu entwickeln.

7. Wenn Sie hängende Pflanzen integrieren, wird das Ganze nach ein paar Monaten von langen Trieben umschlossen sein. Das sieht viel hübscher aus als blanke Linien.

HÄNGEKORB AUS ALTEM SIEB

 EINE STUNDE

Einen Hängekorb können Sie aus einem Sieb, einem Vogelkäfig, einem Wok, einer Käsereibe oder irgendeinem ausrangierten, metallischem Teil zum Aufhängen anfertigen. Sie alle ergeben wunderbare Pflanzgefäße, nachdem sie ihren Dienst getan haben. Besonders das Sieb mit seinen ausgesparten Löchern ergibt einen schönen Hängekorb. Weil Wasser so gut abläuft, ist es ideal für Pflanzen, die mit trockenen Bedingungen zurechtkommen, wie mediterrande Kräuter, Efeu, Sukkulenten und andere Sonnenanbeter. Farbiger wirken übliche Beet- und Balkonpflanzen.

SIE BRAUCHEN

Wasserdurchlässige Einlage (Vlies)
Schere
Ein altes Sieb aus Metall oder Plastik
Starker Strick oder Kette
Ziemlich kräftige Aufhängehaken – sie müssen ein schweres Gefäß mit den Pflanzen darin halten (extra stabile Haken kann man im Baumarkt oder online kaufen)
Wasserspeicherndes Granulat
Langsam wirkenden Dünger, wie Hühnermistpellets oder Depotdünger
Substrat
Pflanzen zum Einsetzen wie mediterrane Kräuter, Efeu, Sukkulenten. Ich habe gewählt: Margeriten, Silber-Greiskraut, Bronze-Fenchel und Efeu.

Langtriebige Pflanzen wie Efeu, Blaukissen, Lobelien, Mittagsblumen, Fetthenne oder Feinstrahl machen sich ideal in einem hoch oben angebrachten Hängekorb, denn dadurch rücken Blätter und Blüten ins Blickfeld. Sie schauen dann nicht nur auf den Gefäßboden, sondern auch auf die eigentliche Bepflanzung.

SO GEHT'S

1. Schneiden Sie die Einlage zurecht, damit sie genau ins Sieb passt. Befestigen Sie Schnüre oder Ketten.
2. Schrauben Sie den Haken in die Decke oder die Wand (oder dorthin, wo das Sieb hängen soll). Sie brauchen für jeden Hängekorb einen Haken, der gut befestigt sein muss und das schwere Gewicht eines Siebs mit Pflanzen, Substrat und dem schwersten Anteil, dem Wasser, halten muss.
3. Mischen Sie wasserspeicherndes Granulat gemäß der Anleitung auf der Packung unter das Substrat.
4. Geben Sie ein wenig Substrat auf den Boden des Siebs, dann ordnen Sie die Pflanzen an. Nur wenn der Hängekorb mitten im Garten oder vor einem Fenster hängt, betrachten Sie ihn von allen Seiten, sonst sehen Sie nur drei Seiten. Berücksichtigen Sie dies bei der Gestaltung.
5. Füllen Sie alle Leerräume zwischen den Wurzelballen mit dem restlichen Substrat auf, hängen Sie das Sieb an den Haken und gießen Sie gut. Das tun Sie am besten an Ort und Stelle, denn ein Hängekorb ist nach dem Wässern beträchtlich schwerer und lässt sich mühsamer aufhängen.
6. Für die Nährstoffversorgung den Sommer über sorgt langsam wirkender Dünger oder Flüssigdünger, wenn kurzzeitig eine Extragabe nötig ist.

HOCHBEET AUS DICKEN BALKEN

🕐 **EIN WOCHENENDE**

Je nach dessen Größe kann man in einem Hochbeet eine große Bandbreite von Pflanzenarten ziehen. Früher hätte man ausgediente Bahnschwellen dafür verwendet, das ist heute in Deutschland verboten. Die dicken Balken sind schwer, falls Sie Rückenprobleme haben, sollten Sie sich für dieses Projekt Hilfe holen. Sind die dicken Balken einmal am Platz, lagern sie durch ihr Gewicht und brauchen kaum eine Stütze, nur Verbindungen an den Ecken. Durch dieses arbeitsaufwändige Projekt gewinnen Sie viel Platz zum Gärtnern und es sieht auch noch super aus; modern, aber natürlich. Sie können die Ecken der Beete glatt schleifen oder rau belassen, je nachdem, welche geometrische Form Sie gewählt haben. Ich habe zwei rechteckige Beete gebaut, eines für Gemüse, das andere für Wildblumen. Balken können Sie sich in den gewünschten Längen im Baumarkt zuschneiden lassen. Das Sägen ist eine Aufgabe für Profis. Wenn Sie es nicht wirklich beherrschen, sollten Sie es den Fachleuten überlassen.

SIE BRAUCHEN

Spaten
Handschuhe, Schutzbrille, Arbeitsschuhe
3, 6 oder 9 hochdruckimprägnierte Balken, je nachdem wie hoch das Hochbeet werden soll
4 Holzlatten (5 × 5 cm oder 7,5 × 7,5 cm)
Bohrmaschine und 2,5-cm-Holzaufsatz
Schraubenzieher
Lange Schrauben oder Bolzen
Dübel (2,5 cm Durchmesser)
Holzleim
Hammer
Tackergerät
Wasserdichte Einlage (Vlies)
Oberboden – etwa 2 Kubikmeter pro Rechteck in Bahnschwellengröße
Kompost – von den örtlichen Kompostierungsanlagen, die große Mengen abgeben, oder selbstgemacht (siehe Seite 53)
Abgelagerten Mist (nur für Gemüse)
Pflanzen zum Einfüllen: Jungpflanzen von Wildblumen wie Mohn, Kornblumen, Schafgarbe oder Gemüse-Jungpflanzen, etwa Grün- oder Kopfkohl, Salat, Stangenbohnen, Zuckermais, Tomaten, Rote Bete, Staudensellerie usw. Ich bepflanze die eine Hälfte mit einer Pflanzenfamilie, die andere Hälfte mit einer anderen Familie, das erleichtert den Fruchtwechsel (siehe Seite 157)

TIPP

Oberboden können Sie oft bei Bauerschließungsmaßnahmen bekommen, wenn viel davon abgeräumt wird, um Fundamente zu bauen. Wenn Sie beim Anliefern Ihre Beete bereits fertig gemacht haben, können Sie die Erde direkt einfüllen lassen und ersparen sich damit viel Zeit mühsamen Herbeikarrens.

SO GEHT'S

1. Wählen Sie den Platz für das Beet. Ist es einmal gebaut, kann man es kaum mehr umstellen. Ebnen Sie den Untergrund ein, denn durch jede Unebenheit wird die Konstruktion weniger stabil und womöglich wackelig. Am einfachsten geschieht dies, indem man die Fläche mit dem Spaten aushebt, aber graben Sie nicht zu tief. Wenn Sie eine richtige Böschung haben, können Sie ganze Terrassenstufen anlegen. Am Ende sollte eine feste, stabile Oberfläche entstehen, die das Gewicht eines Hochbeetes tragen kann. Eine ebene Grundlage bekommen Sie mit einer Betonunterlage, doch dies schränkt Ihre Bepflanzungsmöglichkeiten ein, weil die Wurzeln nicht tiefer gehen können als die Höhe des Beetes.
2. Legen Sie die Balken aus. Dazu brauchen Sie vielleicht Hilfe, weil diese ziemlich schwer sind. Tragen Sie dafür Schutzkleidung.
3. Jemand sollte die Balken halten, während Sie die Holzlatten von innen an den Ecken mit großen Schrauben oder Bolzen festmachen. Sie sollten mindestens zwei Schrauben pro Balken an jeder Lattenseite anbringen, damit die Ecke sicher hält. Das verhindert, dass sich die Balken später beim Befestigen verschieben und sorgt hinterher für zusätzlichen Halt.
4. Bohren Sie mit der Bohrmaschine zwei Löcher (etwa 3 cm) in das freistehende Ende jedes Balkens.
5. Bohren Sie ein Führungsloch aus diesem Loch heraus (2,5 cm).
6. Schrauben Sie Schwergewichtsbolzen ein, die fest in diesem 2,5-cm-Loch sitzen und vergewissern Sie sich, dass sie tief in den angrenzenden Balken reichen.
7. Schneiden Sie 3 cm von einem Dübel ab und streichen Sie das Stück mit Holzleim ein. Mit einem Hammer schlagen Sie es ins Loch, bis es bündig oder knapp unterhalb der Oberfläche liegt (dann sieht es rustikaler aus).
8. Mithilfe des Tackers befestigen Sie die Einlage an den Innenwänden der Balken, aber nicht am Boden, denn das würde den natürlichen Wasserablauf verhindern.
9. Füllen Sie die Substratmischung ein: Den Hauptanteil macht Oberboden aus, dazu kommt eine Schicht aus etlichen Zentimetern Kompost, darüber einige Zentimeter Mist, wenn Sie Gemüse ziehen wollen. Rechen Sie die Mischung gut durch.
10. Bepflanzen Sie im Frühjahr. Wildblumen müssen Sie eingießen und regelmäßig wässern, Gemüse braucht zusätzlich regelmäßige Düngergaben in organischer Form. Entweder man düngt flüssig mit Algen oder Beinwelljauche, oder man gibt Hornspäne beziehungsweise Hühnermistpellets.
11. Die Wildblumen schneiden Sie im Herbst zurück, nachdem sie Samen gebildet und auf dem Boden für das nächste Jahr verstreut haben. Sammeln Sie ein paar ein, um im nächsten Frühjahr Lücken im Beet zu füllen.
12. Nach der Ernte von Gemüse säen Sie entweder Gründüngung für die Wintermonate ein oder Sie mulchen mit gut abgelagertem Stallmist, dann ist das Beet bereit für die Kulturen, die im nächsten Jahr folgen.

GEMÜSE IM HOCHBEET

Sie können nahezu jedes Gemüse im Hochbeet anpflanzen, von Kohlgewächsen wie Kopfkohl oder Grünkohl, über Salat zu Erbsen sowie anderen Hülsenfrüchten, ebenso Fruchtgemüse, etwa Tomaten und Paprika, außerdem Kapuzinerkresse oder Zuckermais (der sich als Reihe zur Abtrennung von einzelnen Pflanzenfamilien als nützlich erweist) und noch vieles mehr. Sie müssen nur daran denken, den Platz für die Kulturen jedes Jahr im Beet zu wechseln (siehe Seite 157). Vielleicht würden Sie auch gern Kartoffeln ziehen, doch bei ihnen muss man die Erde rund um die wachsenden Triebe anhäufeln. Aus diesem Grund eignen sich gewöhnliche Kübel dafür besser.

11

HECKE IM TOPF

 EINE STUNDE

Sie brauchen vielleicht nicht so eine riesige Buchenhecke im Stil von Ludwig XIV. und seinem Park in Versailles, doch selbst auf kleinstem Raum ist es oft nicht ganz leicht, ein wenig Intimität zu schaffen. Vielleicht wollen Sie im Freien essen, ohne dass die Nachbarn Ihre Kochkünste beurteilen können, oder Sie sind bei warmem Wetter spärlich bekleidet. Eine Hecke kann Sie prima abschirmen, selbst auf einer kleinen Fläche können Sie eine Hecke pflanzen. Doch wenn Sie wirklich über wenig Platz verfügen wie auf einer Dachterrasse, einem Balkon oder einem Innenhof, wo Sie den Belag nicht aufreißen dürfen, dann wäre eine eingetopfte Hecke eine Möglichkeit. So eine Hecke kann auch zum Unterteilen des Gartens nützlich sein. Wenn Höhe hinzukommt, wird die Gestaltung immer interessanter, die Hecke kann Ihren Außenraum unterteilen, es entstehen private Schlupfwinkel in versteckten Ecken, Sie können Unansehnliches wie Trampolin und Schaukel etwas vom Bereich der Erwachsenen trennen.

SIE BRAUCHEN

Einen Trog oder mehrere Töpfe ähnlicher Größe in einer Reihe, das absolute Minimum sind drei davon

Heckenpflanzen wie Rotbuche, Hainbuche, Buchs, Eibe, Berberitze. Wenn Sie wollen Immergrüne wie Kirschlorbeer oder Bambus, Kirschen als Obstlieferant oder gleichfalls Apfelbäume im Spalier als schmale, attraktive und ertragreiche Hecke. Erle, Hasel, etwas Verflochtenes oder sogar eine zweistöckige Hecke. Im Grunde eignet sich alles, einschließlich Lavendel, Rosmarin und *Photinia*, besonders in hohen Töpfen.

Oberboden oder Topfpflanzensubstrat

Stützstäbe für die Heckenpflanzen und Schnüre (bei Bedarf)

SO GEHT'S

1. Stellen Sie den Trog oder die Töpfe an Ort und Stelle vor dem Bepflanzen auf. Dann steht schon alles am richtigen Platz. Bepflanzte Gefäße dagegen, vor allem Tröge, sind schwer und lassen sich nur mit viel Mühe umstellen.
2. Füllen Sie am Boden der Gefäße eine dünne Schicht Oberboden oder Substrat ein.
3. Stellen Sie die Heckenpflanzen Wurzelballen an Wurzelballen hinein, sodass sich das Blattwerk oben berührt und Sie kaum hindurchsehen können. Bei Spalieräpfeln oder verflochtenen Gewächsen lassen Sie eine große Lücke zwischen den Wurzelballen, sodass sich die Zweigspitzen gerade eben oder fast berühren.
4. Füllen Sie rund um die Pflanzen und in alle Leerräume restlichen Oberboden oder Substrat ein. Drücken Sie die Erde mit den Händen an.
5. Als Stütze bringen Sie bei Wind ausgesetzten Anpflanzungen einen Stützstab oder Rahmen an, auf einer Dachterrasse oder einem Balkon zum Beispiel. Stecken Sie einen Stab in die Erde und binden Sie die Heckenpflanze daran fest. An sehr windexponierten Plätzen stecken Sie den Stab im 45-Grad-Winkel in Hauptwindrichtung ins Gefäß. Sie können auch an Balustraden, Zäunen oder Rankgittern anbinden.
6. Gießen Sie gut. Geben Sie einmal im Jahr langsam wirkenden Dünger oder mulchen Sie im Winter mit Kompost.
7. Alle paar Jahre erneuern Sie das Substrat oder topfen um. Stumpfe Blattoberflächen, nachlassende Blüte, schwacher Wuchs oder Blattverfärbungen deuten auf Nährstoffmangel hin.

TIPP

Am besten legen Sie dieses Pflanzprojekt im Herbst oder Winter an, wenn Sie wurzelnackte Gehölze zu wesentlich günstigeren Preisen bekommen als im Topf gezogene Pflanzen im Frühjahr und Sommer.

12 KONSERVENBÜCHSEN RECYCLEN

EINE STUNDE

Es steckt jede Menge visueller Wert und Vielseitigkeit in einer Konservenbüchse. Das hatte Andy Warhol erkannt und heute sehen es Hobbygärtner ebenso. Büchsen sind toll, weil man sie leicht verändern kann. Sie starten mit einem hübschen glänzenden Aufdruck, der schnell verwittert, rostet oder oxidiert und mit der Zeit stylisch aussieht. Büchsen gibt es außerdem in den verschiedensten Größen, zudem waren sie meist mit leckeren Nahrungsmitteln befüllt. Dadurch haben Sie das Beste aus zwei Welten: Sie essen zuerst den Inhalt und dann gärtnern Sie im Behälter. Wenn Sie so viel Wert legen auf Essen wie ich, können Sie viel Essbares darin ziehen, auch Kräuter. Dosen wiegen im Vergleich zu vielen anderen Gefäßen nicht viel, das bedeutet, Sie können beim Anordnen kreativ sein. Sie können sie an die Wand oder aufrecht am Balkongeländer bzw. an der Pergola anschrauben.

SIE BRAUCHEN

Büchsen so viel Sie haben, mit der Zeit kann man die Sammlung erweitern. Sie müssen nicht alle die gleiche Größe haben, je mehr Varianten desto besser!

Bohrgerät

Lackfarbe und Pinsel

Schrauben zum Befestigen, wenn Sie das wollen

Sand, Splitt oder Feinkies für die Dränage

Wasserspeicherndes Granulat

Substrat

Pflanzen – alle kleinen Gewächse bieten sich aufgrund ihres begrenzten Wurzelraums an. Die besten Nutzpflanzen sind Erdbeeren, Salate und Kräuter, unter den Zierpflanzen eignen sich Sukkulenten, Einjährige, Moose und Alpine am besten.

SO GEHT'S

1. Bohren Sie Löcher in den Boden der Büchsen. Ein Loch genügt, wenn Sie genug Splitt nehmen, doch ich würde zur Sicherheit drei empfehlen (und mehr für große Büchsen).

2. Lackieren Sie die Innenseite der Dosen. Sie sind aus Blech gemacht und mit Zinn oder Aluminium beschichtet. Die Beschichtung kann abwittern und das Blech darunter freilegen, Zinn und Aluminium gelangen dann in die Erde. Das Gleiche passiert mit rostendem Blech. Den Pflanzen bekommt das nicht so gut, denn der erhöhte Schwermetallgehalt verändert den Boden-pH-Wert und beeinträchtigt die Nährstoffaufnahme. Diese Elemente sind auch bedenklich, wenn Menschen sie aufnehmen. Eine Schutzschicht ist daher äußerst wichtig, besonders wenn Sie vorhaben, Essbares zu ziehen.

3. Lassen Sie den Anstrich trocknen, das dauert 12 bis 48 Stunden. Wenn Sie unsicher sind, warten Sie so lange wie möglich. An klebrigem Anstrich bleibt Erde hängen, was furchtbar aussieht und schwer zu beseitigen ist.

4. Mit einem Bohrgerät machen Sie ein Loch an der Rückseite der Dose, um sie an einer Wand oder einem Pfosten festzuschrauben. Vom Platz hängt ab, was Sie darin ziehen können. Alpine wachsen an einer hellen, ausgesetzten Stelle, Moose oder Farne in einer schattigen Ecke. Für einen trockenen Standort kommen Sukkulenten in Frage.

5. Mischen Sie Substrat mit gleichen Mengen Sand, Splitt oder Feinkies, dazu kommt wasserspeicherndes Granulat nach Packungsangabe. Füllen Sie unten in die Büchsen etwas davon ein.

6. Setzen Sie die Pflanzen ein. Füllen Sie mit der restlichen Substratmischung auf. Gießen Sie gut.

7. Sukkulenten bringen Sie während nasser Winterwochen ins Haus. Für Farne sollten Sie das Substrat alle paar Jahre erneuern oder jährlich frisches aufbringen. Schneiden Sie kranke oder abgestorbene Teile unverzüglich ab.

13
SUKKULENTEN IM BILDERRAHMEN

🕐 EIN NACHMITTAG

Sukkenlenten gedeihen ganz von selbst, sie kommen mit einem Minimum an Wasser aus – im temperierten Klima geraten Sie eher in Gefahr, dass sie durch ein Zuviel an Wasser als durch Trockenheit absterben. Diese Gewächse brauchen kaum Wurzelraum und man kann sie ohne jeglichen Aufwand vermehren (siehe Tipp auf Seite 95). Durch diese extreme Fähigkeit zum Überleben sind sie ungeheuer vielseitig. Sie können Sukkulenten auf kleinstem Raum halten, etwa in ausgehöhlten Kork gestopft, oder massenhaft verwendet auf einer großen Fläche. Sie machen sich super als Tischdekoration, weil sie nie zu hoch werden und mit ihren herabhängenden Trieben sehen sie in wiederverwerteten Pflanzgefäßen zauberhaft aus, zum Beispiel in einer Teekanne, Teedose, einem winzigen Topf, in einer Anordnung kleiner Töpfe oder in knorrigem Holz usw.

Beliebt sind traditionelle Rosettenpflanzen geworden (es gibt sie in allen Farben, Texturen und Größen – haarig, flauschig, kalkig weiß, grün, rot, violett, schwärzlich usw.), allerdings besteht im Herbst und Winter die Gefahr von Fäulnis. Wo kühleres, feuchteres Klima herrscht, kann man zum Beispiel auf Fetthennen-Arten (*Sedum*) zurückgreifen, die etwas Regen und Kälte besser vertragen. Wer wie ich nahe am Meer wohnt, kann Mittagsblumen verwenden – eine der wenigen Pflanzen, die zuverlässig in salziger Umgebung wachsen.

Dieser Bilderrahmen für die Wand wird mit Sukkulenten vollgestopft. Das fertige Projekt hat auf kleinstem Raum Platz und durch den minimalen Wasserbedarf könnte man alles durch batteriebetriebene oder Solar-Strahler ergänzen, um die Wirkung noch zu steigern.

SIE BRAUCHEN

Einen alten Bilderrahmen mit einer Tiefe von etwa 5 cm
Dünne Sperrholzplatte und dünne Leisten
Schrauben
Bohrgerät
Hühnerdraht oder Netz
Substrat
Splitt, Feinkies oder Sand
Pflanzstab
Jede Menge Sukkulenten, mit langen Trieben wie Felsen-Fetthenne, Colorado-Fetthenne, Dickblatt und welche mit Rosetten wie Dach-Hauswurz, *S. calcareum*, *Echeveria glauca*, *E. agavoides* 'Black Prince' oder Ampel-Fetthenne

SO GEHT'S

1. Entfernen Sie vorsichtig eine eventuell vorhandene Glasscheibe.
2. Bauen Sie unter dem Rahmen einen Kasten an. Schrauben Sie dazu die dünnen Leisten mit der Sperrholzplatte zusammen.
3. An der Stelle, wo sich normalerweise das Glas befindet, bringen Sie Hühnerdraht oder ein Netz an.
4. Schrauben Sie den Kasten an der Rückseite des Bilderrahmens an.
5. Bohren Sie an der Unterkante des Rahmens Dränagelöcher. Es müssen viele sein, weil Sukkulenten eine sehr gute Dränage brauchen.
6. Mischen Sie unter das Substrat reichlich Splitt, Feinkies oder Sand. Füllen Sie die Mischung in den Kasten unter dem Rahmen ein.
7. Teilen Sie die Sukkulenten in einzelne Stücke und stecken Sie jeweils ein Pflänzchen in die ausreichend großen Maschen des Drahtnetzes. Gießen Sie an.
8. Lassen Sie alles für mehrere Wochen liegen, damit die Sukkulenten anwachsen können. Erst danach sollten Sie den Bilderrahmen an die Wand hängen. Warten Sie diese Zeit unbedingt ab, sonst können die Pflanzen herausfallen.

TIPP
Rundherum werden die Fetthennen-Arten kleine Tochterpflanzen bilden. Diese können Sie abnehmen und jeweils in einen kleinen Topf mit Erde stecken. Darin wachsen sie zu größeren Pflanzen heran, die man dann für andere Pflanzprojekte verwenden kann.

14

MAGNETISCHE PFLANZENTÖPFE

 EINE STUNDE

In vielen Gärten gibt es unbgrünte, ungenutzte Flächen. Aber auch auf diesen lässt sich tatsächlich gärtnern. Es gibt einen Weg, den ich Ihnen hier zeige.

Magnetische Töpfe haben Zukunft. Nicht überall gibt es metallische Flächen, um Töpfe daran zu befestigen, doch wenn Sie ein wenig genauer schauen, entdecken Sie mehr metallische Oberflächen, als Sie zunächst glauben: Pfosten am Balkon, Geländer, Spritzwände für den Grill, die Kanten von Wasserspielen, Rahmen von Gartenmöbeln. Aber auch wenn Sie keine finden sollten, können Sie Metalltafeln leicht auftreiben und an den meisten Oberflächen befestigen. Dafür gibt es eine Vielzahl an magnetischen Töpfen (Experimentierfreudige können mit starken Magneten solche auch selbst anfertigen). Man kann damit tolle Pflanzprojekte umsetzen und vor allem stehen einem mit magnetischen Töpfen viele praktische Lösungen offen.

In der Regel sind magnetische Töpfe ziemlich klein, nehmen Sie daher keine Pflanzen mit sehr tiefen Wurzeln oder welche, die viel Platz brauchen. Erdbeeren zum Beispiel eignen sich recht gut. Je nach Lage der metallischen Oberflächen befinden sich die Töpfe entweder hauptsächlich im Schatten oder vorwiegend in der Sonne. Bei mir hängen sie unter dem Balkon im Schatten, daher habe ich einen Hirschzungenfarn (*Asplenium scolopendrium*) und eine Elfenblume (*Epimedium*) eingesetzt, die beide Schatten lieben. Für einen sonnigen Platz würden sich Pflanzen wie Feinstrahl und jede Menge Kräuter eignen, einschließlich Thymian, Kamille, Lavendel, Currypflanze und viele mehr. Auch alpine Gewächse sind eine gute Wahl für exponierte, sonnige Plätze. Diese Gebirgsbewohner kommen von Natur aus mit ungewöhnlich stark beschränktem Wurzelraum zurecht, ebenso wie mit hoher Lichteinstrahlung und starkem Wind. Besonders schöne Beispiele dafür sind Schafsteppich (*Raoulia*), Lewisie, Steinsame oder Ehrenpreis.

SIE BRAUCHEN

Pflanzen nach Wahl: Für Essbares eignen sich Erdbeeren und andere, die flach wurzeln, am besten. Unter den Zierpflanzen ist die Auswahl größer, richtig gut funktioniert es mit Farnen und vorwiegend Blattschmuckpflanzen wie Efeu.
Magnetischer Topf
Blumentopferde
Wasserspeicherndes Granulat
Metallische Fläche, entweder eine Säule, eine ganze Wand oder eine Metalltafel, die man anschraubt

SO GEHT'S

1. Setzen Sie die Pflanzen in die Töpfe.
2. Mischen Sie wasserspeicherndes Granulat unter das Substrat gemäß den Angaben auf der Packung.
3. Füllen Sie die Substratmischung rund um die Wurzelballen der Pflanzen ein. Die meisten käuflichen magnetischen Töpfe haben kein Abflussloch, damit kein Wasser am Kühlschrank entlangläuft und den Boden ruiniert. Meist haben sie einen Einsatz, damit die Pflanzen etwas erhöht stehen.
4. Gießen Sie an und befestigen Sie die Töpfe an metallischen Oberflächen.
5. Gießen Sie regelmäßig, halten Sie die Erde immer feucht, doch nie nass.

TIPP
Mit einer Vielzahl von magnetischen Töpfen bekommen Sie eine ganz besondere Pflanzenwand – wenn Sie beispielsweise große metallische Oberflächen haben wie etwa eine Wand, einen Schuppen aus Wellblech oder etwas ähnlich Unansehnliches.

15

GRÜNE WAND

 EIN WOCHENENDE

Lebende, grüne Wände werden immer beliebter. Sie lösen unser Problem, dass wir wegen zunehmendem Platzmangel unseren Wunsch nach üppigem Grün oft nur wenig erfüllen können. Mit einer lebenden Wand lassen sich Lärmbelästigungen abmildern und sie senkt die Energiekosten, weil sie die Gebäude von außen isoliert.

Eine lebende Wand kann man sich sehr leicht bauen, die einzige Beschränkung besteht in den Pflanzen, die mit dem geringen Wurzelraum zurechtkommen müssen. Kleine Pflänzchen bekommt man sehr günstig.

SIE BRAUCHEN

Einen Pflanzenaufhänger aus wasserdurchlässigem Material, zum Beispiel Pflanztaschen; es gibt dauerhaftere Systeme mit Substratbeuteln, die man in ein Metallgestell einhängt, ausgekleidete Taschen sind die günstigste Option

Holz für den Rahmen, dafür tut es das billigste Holz. Es muss stabil sein, aber man wird es nicht sehen.

Dübel

Schrauben

Starkes Stück Kunststofffolie in der Größe von Gestell und Rahmen

Tackergerät

Stück dickes, wasserhaltendes Vlies oder Vergleichbares

Bewässerungsanlage (bei Bedarf, aber zu empfehlen)

Substrat

Wasserspeicherndes Granulat

Aufhängehaken

Pflanzen für die Taschen, siehe dazu „Pflanzenwand aus Paletten", Seite 80. Sie können alle Pflanzen mit einem flachen Wurzelsystem verwenden.

SO GEHT'S

1. Machen Sie das Projekt im Frühling. Messen Sie die Wandfläche, die Sie gestalten wollen, ab. Wenn Sie an einer bestehenden Wand arbeiten, muss sie eine widerstandsfähige Oberfläche haben, am besten versehen mit einem wasserabweisenden Anstrich wie etwa mit Dispersionsfarbe. Sie muss auch einiges an Gewicht aushalten können, sollte im Idealfall nicht nach Norden oder unmittelbar nach Süden ausgerichtet sein, gute Wachstumsbedingungen bietet die goldene Mitte dazwischen. Eine freiste-

hende Konstruktion ist vor jeder Wand möglich.

2. Bauen Sie den Holzrahmen in denselben Abmessungen wie Ihre Pflanzenaufhänger. Damit der quadratische oder rechteckige Rahmen möglichst stabil wird, verstärkt man ihn mit vertikalen und horizontalen Holmen. Setzen Sie ihn mit Holzschrauben zusammen.

3. Bringen Sie den Rahmen mit Dübel und Schrauben an der Wand an. Die Aufhängung muss sehr stabil sein, denn sie muss die gesamte Konstruktion halten, die im fertigen Zustand ziemlich schwer ist.

4. Befestigen Sie die Kunststofffolie mit einem Tackergerät am Rahmen, es soll keine schädliche Feuchtigkeit in die Wand eindringen können. Fixieren Sie das wasserspeichernde Vlies.

5. Bauen Sie die Bewässerungsanlage ein (siehe Tipp).

6. Bringen Sie Ihre Pflanzaufhänger mit Schrauben oder sehr starken Schellen am Rahmen an.

7. Setzen Sie die Pflanzen in die Taschen, verteilen Sie dabei Texturen und Farben gleichmäßig. Wirkt alles ausgeglichen, wird es sich zu einer hübschen Wand entwickeln. Sie könnten auch bestimmte Farben gruppieren, etwa die leuchtenden Pflanzen in einem Bereich, die gedeckteren in einem anderen.

8. Mischen Sie unter das Substrat wasserspeicherndes Granulat nach den Angaben auf der Packung, füllen Sie es in alle Lücken ein. Gießen Sie gut.

9. Düngen Sie während der gesamten Wachstumszeit flüssig und gießen Sie regelmäßig.

TIPP Wenn Sie nicht gerade überaus gewissenhaft im Gießen sind oder die Wand an einem regenreichen Platz steht, lohnen sich vermutlich die Ausgaben für eine Bewässerungsanlage. So etwas kann man überall und zu relativ günstigen Preisen erwerben. Sie können auch über Solarenergie betriebene Geräte an die Regentonne anschließen, um die Kosten für das Gießwasser zu senken.

CONTAINER FÜR DIE DACHTERRASSE

 EIN NACHMITTAG

Alles was Pflanzen in gewachsenem Boden aushalten müssen, prallt zehnmal so stark auf jene ein, die über dem Boden stehen, auf Balkonen oder Terrassen, in Hängekörben oder in Dachgärten. Die Windstärke nimmt mit der Höhe zu, die UV-Strahlung erhöht sich, das Überleben ist härter. Durch den Wind und die Lichtintensität trocknen die Pflanzen sehr schnell aus, daher kommt es beim Gestalten einer Dachterrasse darauf an, geeignete Arten auszuwählen (siehe rechte Seite). Falls Sie unsicher sind, denken Sie „in Richtung Berge". Wenn etwas so aussieht, als käme es aus den Bergen (gleich ob winzige alpine Polster oder große Koniferen), dann sind Sie auf dem richtigen Weg.

Natürlich müssen Sie auch an die Pflanzgefäße denken. Bei starken Winden zeigen sie die unangenehme Tendenz zum Umkippen, machen oder kaufen Sie wirklich sehr stabile Behälter oder – noch besser – bauen Sie sich die Pflanzgefäße für den Dachgarten selbst, indem Sie etwa Hochbeete einfügen oder zumindest hölzerne Behälter festschrauben. Überladen Sie Ihr Dach nicht mit schweren Gefäßen. Um das Gewicht zu reduzieren, können Sie unten in die Gefäße zur Hälfte Styroporflocken einfüllen. Stellen Sie nicht mehr Behälter auf, als das Dach tragen kann. Im Zweifelsfall wählen Sie leichtere Gefäße, die Sie entweder festschrauben oder bei starkem Wind in Sicherheit bringen!

SIE BRAUCHEN

Wasserspeicherndes Granulat
Substrat
Pflanzen (siehe rechte Seite)
Stäbe und Schnur oder Gummibinder

SO GEHT'S

1. Mischen Sie wasserspeicherndes Granulat unter das Substrat gemäß den Angaben auf der Packung.
2. Setzen Sie die Pflanzen in die Gefäße oder Hochbeete ein.
3. Bringen Sie Stützen für windbruchgefährdete Pflanzen höchstens auf einem Drittel der Höhe an. Stecken Sie den Stab am besten im 45-Grad-Winkel in Hauptwindrichtung ins Substrat. Befestigen Sie die Pflanzen mit Schnur oder Gummibinder.
4. Gießen Sie regelmäßig das Wurzelwerk und weniger das Laub, sonst kann die Sonne Verbrennungen hervorrufen.
5. Eine Bewässerungsanlage kann an exponierten Stellen, wo Wind die Pflanzen austrocknet, sinnvoll sein. Sie ist besonders hilfreich bei einem großen Topfgarten. Ansonsten leisten eine Wassertonne, ein altes Fass oder eine Gießkanne gute Dienste.
6. Entfernen Sie abgeknickte Triebe regelmäßig mit einer sauberen Gartenschere. Wässern Sie ausreichend und düngen Sie mit Hornmehl im Sommer sowie mit einem Mulch aus abgelagertem Mist, Laubmull oder Kompost im Winter.

PFLANZEN FÜR DIE HÖHE

Wenn auf dem Etikett an der gekauften Pflanze nicht klar hervorgeht, ob sie extremere Bedingungen aushält, achten Sie auf die folgenden Merkmale, um die richtigen Gewächse ausfindig zu machen:

Anpassung an UV-Strahlung
Silbriges oder graues Laub
Kalkbelag auf den Blättern
Weißer Filz auf dem Blatt
Flach anliegendes Blattwerk
Blätter in Rosettenform
Leuchtende Blüten (Pluspunkt)
Kleine Blätter
Große Blüten

Anpassung an starken Wind
Biegsame Triebe
Zähe Blätter oder Nadeln
Kleine Blätter
Schnelle Regeneration nach dem Verlust von Pflanzenteilen
Dicker, stabiler Stamm

17

TÖPFCHEN AUS ZEITUNGSPAPIER

 EINE STUNDE

Papiertöpfe sind eine Alternative zu kompostierbaren Töpfen, die man im Gartenfachhandel für die Anzucht von Samen kaufen kann. Ein wichtiger Schritt ist dabei das Vereinzeln der Sämlinge, wenn sie groß genug sind, dass man sie in nährstoffreicheres Substrat und in ein größeres Gefäß setzen kann. Selbstgemachte Papiertöpfe sind umweltfreundlich. Dazu dient altes Zeitungspapier, das man recycelt oder kompostiert, wenn es zu sehr durchgeweicht ist. Wenn es etwas dekorativer aussehen soll, können Sie einfaches Geschenkpapier verwenden. Im Haus können Sie Kakteen in Papiertöpfen ziehen, weil diese wenig Wasser brauchen.

SIE BRAUCHEN

Papier, wie es Ihnen zusagt
Rollen einer Klopapier- oder Küchenrolle, auch eine Posterrolle, eine Keks- oder Chipsrolle, sogar Pappbecher kommen in Frage
Grober Sand
Anzuchtsubstrat mit niedrigem Nährstoffgehalt für Sämlinge und Stecklinge
Sämlinge, Samen, Stecklinge oder Pflanzen Ihrer Wahl. Auf diese Weise können Sie aus Samen und Stecklingen Pflanzen für andere Pflanzgefäße wie Hängekörbe, lebende Wände oder Balkonpflanzen heranziehen.

SO GEHT'S

1. Wickeln Sie das Papier um die Rolle oder einen Pappbecher, zwei Lagen genügen. Für eine Pflanze, die etwas länger im Topf bleibt, brauchen Sie aber mehrere Lagen.
2. Falten Sie das Papier unterhalb von einem Ende zusammen.
3. Drücken Sie es nach innen und tauchen Sie das Ende in Wasser, damit es die Form hält.
4. Mischen Sie Grobsand und Substrat (das Verhältnis hängt von den Pflanzen ab, die Sie ziehen wollen), füllen Sie die Mischung in die Rollen.
5. Legen Sie Samen in jede Röhre ab, setzen Sie Sämlinge hinein oder stecken Sie Stecklinge. Gießen Sie gut.
6. Wenn der Topf zu sehr durchweicht, schälen Sie entweder das Papier ab und topfen die Pflanzen um. Oder Sie setzen den ganzen Papiertopf mit der Pflanze in die Erde. Er wird verrotten und organische Substanz beisteuern.

Am besten verwendet man die Rollen als Anzuchttöpfchen im Gewächshaus oder auf dem Fensterbrett, denn bei viel Regen weichen sie sehr schnell durch. Im Gewächshaus halten sie lange genug, um Sämlinge großzuziehen und sie abzuhärten. Danach können sie ins Freie gepflanzt werden.

⬅ **Stecklinge schneiden:**
- Wählen Sie gesunde, nicht blühende Triebe der Pflanze aus.
- Schneiden Sie diese Triebe etwas oberhalb eines Knotens (Blattachsel).
- Schneiden Sie den Steckling ein wenig unter einem Knoten zurück.
- Entfernen Sie die unteren Blätter und belassen Sie nur die obersten.
- Bohren Sie ein Loch in die Erde und stecken Sie den Steckling hinein.
- Wässern Sie.

18

DSCHUNGEL-KÜBEL AUS BETON

🕐 **EIN WOCHENENDE**

Beton bietet ungeheuer viele Möglichkeiten. Zwar ist nasser Beton oder Zement giftig für Pflanzen, doch ganz ausgehärtet birgt das Material keinerlei Probleme. Sie können Ihr eigenes Betongefäß herstellen.

In meinen selbstgemachten Betonkübel habe ich Neuseelandflachs (*Phormium*) eingesetzt, dessen schwertförmige Blätter sich darin prima hervorheben (die Art ist in Mitteleuropa nicht winterhart). So ein Kübel eignet sich für jedes Gewächs, das gerne wuchert, wie es bei vielen exotischen Pflanzen der Fall ist. Bei Ausläufer bildenden Bambusarten etwa, die unkontrolliert überhand nehmen können. So ein Betongefäß stoppt die Ausbreitung. Was liegt näher, als den selbstgemachten Pflanzkübel aus Beton mit einer exotischen Pflanze zusammenzubringen, wobei sich beide ergänzen?

SIE BRAUCHEN

Putztuch
Putzeimer, der sehr schmutzig werden kann
Alte, dicke Decke
Sehr flüssige Betonmischung im Verhältnis Sand zu Zement von 3:1
Eimer, um den Zement anzumischen
Fassadenfarbe und Pinsel (eventuell)
Exotisch aussehende Pflanze nach Wahl
Kies zum Abdecken des Kübels (siehe Tipp)

SO GEHT'S

1. Legen Sie das Putztuch auf den Boden und stellen Sie den umgedrehten Putzeimer darauf. Machen Sie das in einer Gartenecke, wo es schmutzig werden darf, und tragen Sie nicht Ihre beste Kleidung. Es empfiehlt sich ein vor Regen einigermaßen geschützter Platz oder eine Trockenperiode, wenn mindestens für die nächsten 24 Stunden kein Regen angesagt ist.

2. Tauchen Sie die Decke in die flüssige Betonmischung, bis sie dick bedeckt ist, dann ordnen Sie sie über dem umgedrehten Eimer an. Lassen Sie alles für mindestens 24 Stunden oder besser einige Tage lang trocknen.

3. Wenn die Decke völlig ausgehärtet ist, nehmen Sie sie herunter und drehen sie um, jetzt sollte sie wie ein Pflanzgefäß aussehen. Wenn Sie wollen, können Sie den Kübel mit Fassadenfarbe anstreichen. Stellen Sie das Pflanzgefäß nun an den endgültigen Platz, denn gefüllt mit Substrat und Pflanze wird es schwer wiegen. Neuseeländer Flachs und Bambus wachsen fast überall, bevorzugt wo sie etwas Schatten bekommen und etwas Regen erwischen.

Vom Neuseelandflachs (*Phormium tenax*) kennt man Sorten in wunderbarer Farbenvielfalt.

4. Stellen Sie die gewählte Pflanze mit ihrem Plastiktopf in den Betonkübel. Da sich im Kübel keine Wasserabzugslöcher befinden, können Sie die Pflanze nicht direkt einsetzen, die Wurzeln könnten faulen und wenn Sie ein Loch bohren, ermöglichen Sie es womöglich den Bambusausläufern in den Garten zu entwischen. Genau das, was Sie verhindern wollen!
5. Bedecken Sie die Substratoberfläche des Plastiktopfes mit Kieselsteinen zur Dekoration.
6. Gießen Sie regelmäßig, sodass der Topf niemals ganz austrocknet.

TIPP

Wählen Sie die Farbe der Kieselsteine mit Bedacht. Falls Sie das Gefäß mit Farbe angestrichen haben, sollten sich die Kiesel hübsch davon abheben. Falls nicht, nehmen Sie einen grauen oder hellen Stein, der im Einklang mit dem Beton steht.

MINITEICH IM METALLTROG

🕐 **EIN NACHMITTAG**

Mögen wir nicht alle einen Teich, einschließlich der kleinen Lebewesen und den Vögeln, die dann den Garten besuchen? Dennoch stehen mehrere Argumente dagegen, sich einen Teich anzuschaffen. Sie werden als spießig angesehen, als ein wenig schmuddelig, dass sie viel Arbeit beim Anlegen bedeuten, dass man dafür viel Platz im Freien braucht. Doch in Wahrheit kann man einen kleinen Teich (in Topfgröße) überall im Garten aufstellen und mit dem richtigen Pflanzgefäß wirkt er alles andere als spießig. Zeitlos sieht ein durchsichtiger Kübel aus, der auch ideal ist, um Kindern die verschiedenen Lebensräume darin und die Insekten nahezubringen. Ich habe hier einen alten Futtertrog gewählt wegen seiner rustikalen und zugleich streng formalen Anmutung.

SIE BRAUCHEN

Ein wasserdichtes Gefäß
Gartenschlauch
Sauerstoffeintragende Pflanzen wie Hornblatt, Ähriges Tausendblatt oder Wasserfeder
Kies oder Steine
Wasserpflanzen (siehe nächste Seite). Im Gartencenter finden Sie eine gute Auswahl.
Umgedrehte Töpfe und Steine, um die Töpfe in der richtigen Höhe einzusenken und damit Tiere im und am Teich Zugang haben

SO GEHT'S

1. Reinigen Sie den Behälter, möglichst mit Regenwasser, ansonsten mit Leitungswasser. Verwenden Sie keine aggressiven Chemikalien, sie könnten das Wasser verunreinigen und die Umgebung pflanzenfeindlich machen.
2. Füllen Sie Wasser aus einer Regentonne ein. Wenn Sie Leitungswasser verwenden, muss alles ein paar Wochen lang stehen, bevor Sie Fische einsetzen können.
3. Setzen Sie sauerstoffeintragende Unterwasserpflanzen ein.
4. Bringen Sie Seerosen am Grund ein.
5. Setzen Sie umgedrehte Blumentöpfe oder Steine ein.
6. Platzieren Sie darauf die Wasserpflanzen in ihren Töpfen. Bedecken Sie die Erde mit Steinen oder Kiesel.
7. Beschweren Sie die Töpfe zusätzlich mit Kies oder Steinen, damit sie unten bleiben.
8. Arrangieren Sie die Töpfe so lange, bis es Ihnen gefällt.

Ich habe Asiatische Sumpf-Schwertlilie (*Iris laevigata*), Zwerg-Seerose (*Nymphaea pygmaea*) und Teich-Schachtelhalm (*Equisetum fluviatile*) verwendet. Bei den Seerosen können Sie nur Zwergformen verwenden, die anderen wuchern alles zu schnell zu.

20

ERDBEEREN IN DER WASSERRINNE

 EINE STUNDE

Erdbeeren, die in einer Wasserrinne wachsen, sehen nicht nur super aus und passen überall hin (an eine Wand, den Tischrand, den Dachrand von Haus, Schuppen oder Gartenhaus), die Erdbeeren wachsen auch gut darin und schmecken sehr lecker. Durch ihren hängenden Platz sind sie außerdem vor Schnecken geschützt. Das einzige, was Sie tun müssen, um diese leckeren Früchte zu ernten, ist regelmäßiges Gießen und Düngen im Frühsommer.

SIE BRAUCHEN

Einige alte (oder neue) gekrümmte Wasserrinnen in passender Länge
Schraubendreher und Schrauben
Rohrclips zum Befestigen
Dübel für den Fall einer gemauerten Wand
Substrat
Wasserspeicherndes Granulat
Erdbeerpflanzen zum Befüllen der Wasserrinne. Sie brauchen (als Anhaltspunkt) etwa alle 15 cm eine Pflanze.

SO GEHT'S

1. Bohren Sie in die Rinnen Löcher im regelmäßigen Abstand von 10 cm und befestigen Sie die Rinne mit durch die Löcher geführten Schrauben in der Wand. Falls Sie Rohrclips haben, können Sie die Rinnen ordentlich darin einhängen.
2. Hängen Sie die Wasserrinnen am besten außerhalb des Aktionsradius von Schnecken auf und dort wo die Rinnen reichlich Sonnenschein abbekommen, ebenso etwas Regen. Dadurch schränken Sie Ihren Gießaufwand ein.
3. Mischen Sie wasserspeicherndes Granulat unter das Substrat gemäß den Angaben auf der Packung.
4. Setzen Sie die Erdbeerpflanzen in die Wasserrinnen mit 15 cm Abstand. Füllen Sie die Lücken mit Substrat auf und gießen Sie gut an.
5. Wässern Sie regelmäßig. Feuchte Witterung erledigt dies für Sie, doch trocknet das flache Wurzelwerk rasch aus, sodass Sie jeden Tag gießen müssen, besonders bei Hitze.
6. Im Frühsommer kaliumbetont düngen, etwa mit flüssigem Tomatendünger.

21

GRÄSERHECKE IN GERÜSTBRETTERN

🕐 **EIN NACHMITTAG**

Gerüstbretter sind von solider Beschaffenheit und erweisen sich als sehr stabil, daher werden alle daraus gefertigten Werkstücke lange halten. Die langen, schmalen Latten bieten sich regelrecht für einen Trog an. Schrauben Sie einfach die Bretter zusammen.

Gräser sind dafür die ideale Bepflanzung. Sie haben eine etwas transparente Struktur, lassen Licht einfallen, bieten zugleich aber Sichtschutz und sorgen für Privatsphäre. Es gibt viele Sorten in verschiedenen Höhen und Wuchsformen, manche aufrecht und rundlich, während andere hängen und elegant umhüllen, manche werden höher als 2 m, andere niedriger als 30 cm. Die Farben variieren ebenso zwischen Rot, Cremefarben, Blausilber und Tiefgrün.

SIE BRAUCHEN

Schutzhandschuhe und Schutzbrille
Klauenhammer (bei Bedarf)
3 Gerüstbretter. Es gibt sie in der Länge von 4 oder 5 m, 45 mm Stärke und in der Breite von 250 mm.
Säge, Sandpapier
Schraubendreher mit 2-cm-Holzaufsatz
Schrauben
Tackergerät
Wasserdurchlässige Einlage
Blumentopferde mit etwas Sand oder Splitt zum Untermischen
Gräser nach Wahl. Ich habe Afrikanisches Federborstengras (*Pennisetum macrourum*) verwendet, es eignen sich auch China-Schilf, Rutenhirse 'Heavy Metal', Garten-Reitgras 'Karl Foerster', Zartes Federgras

SO GEHT'S

1. Entfernen Sie etwaige Metallkanten an den Bretterenden mit einem Klauenhammer, sofern Sie sie nicht zur Gestaltung belassen wollen.
2. Sägen Sie 250 mm lange Stücke von zwei Brettern ab. Diese ergeben die Breitseiten des Troges.
3. Sägen Sie die Gerüstbretter in der gewünschten Länge zurecht. Wenn Sie sorgfältig sägen, haben Sie Bretter in ausreichender Länge, um zwei Tröge über Eck zu bauen. Sollen sie so lang wie möglich werden, sägen Sie vom dritten Brett ein 250 mm langes Stück ab.
4. Schleifen Sie die Kanten mit Sandpapier ab, um alle Splitter zu entfernen und um eine glatte Oberfläche zu erhalten.
5. Bohren Sie im Abstand von 20 cm Löcher von 2 cm Durchmesser in eines der drei Bretter. Sie sorgen später für den Wasserabfluss.
6. Legen Sie das Brett mit den Löchern als Boden für den Trog auf die Unterlage.
7. Stellen Sie davor ein weiteres Brett hochkant der Länge nach auf, es wird die Vorderseite bilden. Es muss dem Boden aufliegen und soll nicht auf dem Grundbrett liegen, das sieht besser aus.
8. Schrauben Sie die Bretter an dem Basisbrett entlang der Unterkante fest. Vielleicht müssen Sie mit Schraubzwingen arbeiten, damit die Schrauben leicht in das Holz eindringen.
9. Es entsteht ein U-förmiges Gebilde. Stecken Sie die beiden Endstücke an ihren Platz, sodass aus dem U-Profil ein Kasten wird.
10. Schrauben Sie die Stücke von vorderem und hinterem Brett mit etwa vier

TIPP

Wenn Sie etwas Ausgefallenes möchten, können Sie einjähriges Getreide ausprobieren, etwa Gerste, Weizen, Reis, Hafer. Oder Sie ziehen eine Hecke aus Zuckermais. Diese wächst in einem Jahr mehr als zwei Meter hoch und entwickelt zuckersüße Kolben. Das kommt den Wildtieren entgegen und ist auch für Sie gut.

Schrauben pro Seite fest. Die Schrauben sollten in einer ordentlichen Reihe stehen.

11. Tackern Sie die Einlage im Innern des Pflanzgefäßes fest.
12. Bringen Sie auf dem Troggrund eine 3 oder 4 cm hohe Schicht Substrat ein.
13. Setzen Sie die Gräser in den Trog und variieren Sie, bis es Ihnen gefällt. Besonders junge Gräser können sich als kurzlebig erweisen. Setzen Sie sie daher recht eng und ein wenig versetzt ein, damit es insgesamt dichter aussieht. Wenn die Pflanzen nach ein paar Jahren etwas fülliger werden, können Sie auslichten.
14. Mit dem restlichen Substrat füllen Sie alle Lücken zwischen den Wurzeln aus. Gießen Sie danach an.
15. Halten Sie alles feucht, aber keineswegs nass. Sie müssen nicht allzu oft gießen, weil das Meiste der Regen übernimmt. Aber das dichte Wurzelwerk wird das vorhandene Wasser bald verbrauchen. Hat es ein paar Tage dann nicht geregnet, müssen Sie nachprüfen: Fühlt sich die Erde trocken an, müssen Sie wässern.
16. Geben Sie während der gesamten Wachstumszeit langsam wirkenden Depotdünger oder Granulat. Übertreiben Sie es dabei aber nicht, Gräser brauchen nicht viel Dünger. Zuckermais (siehe Tipp) müssen Sie regelmäßig düngen, wenn Sie gesunde Kolben wollen.

GEMAUERTES BEET FÜR FARNE

🕒 **EIN WOCHENENDE**

Egal wie viel Platz Sie haben, irgendwo sollten Sie ein paar Farne einsetzen. In aller Regel mögen sie viel Feuchtigkeit und wachsen im Zweifelsfall im Schatten besser, doch es gibt auch Arten, die trockene, sonnige Plätze bevorzugen. Manche sind immergrün, während bei anderen das Laub im Winter abstirbt und sie im Frühjahr wieder ihre imposanten Wedel ausbreiten. Sie alle vermehren sich über Sporen und sind daher gegen Ende der Wachstumszeit bestrebt, sporenbildende Wedel auszubilden. Dschungelartig und sehr würdevoll wirkt der nicht winterharte Baumfarn (*Dicksonia antarctica*.). Einer meiner Favoriten ist der märchenhafte Hirschzungenfarn (*Asplenium scolopendrium*).

Alle möglichen Pflanzgefäße eignen sich für Farne, doch Backsteine sind aus gutem Grund ein bevorzugtes Baumaterial, weil sie relativ wenig kosten und leicht zu verwenden sind. Wenn Sie alles verputzen wollen, können Sie das Pflanzprojekt mit Betonsteinen anstelle von Backsteinen deutlich günstiger gestalten. Ist der Mörtel einmal getrocknet, erweist sich jede gemauerte Wand als unglaublich stabil. Das ist auch wichtig, weil das Substrat schwer wiegt, besonders wenn es feucht ist. Farne passen gut in gemauerte Beete, weil sie trotz ihrer urzeitlichen Herkunft minimalistisch und modern wirken. Ihre sanften Wedel mit dem fein gefiederten Laub stehen jenseits von Modeerscheinungen und Trends.

SIE BRAUCHEN

Pflanzschaufel oder Spaten
Maurerkelle
Groben Bauschutt
Rüttler (bei Bedarf)
Zement
Sand
Netzmittel (Spülmittel genügt)
Backsteine – entweder übliche in Rot oder Gelb, Formsteine bzw. Betonsteine. Von den Betonsteinen brauchen Sie weniger als von den kleineren Backsteinen, sie kommen also günstiger. Doch weil sie schmaler sind, brauchen Sie mehr Erde bzw. Substrat, um die Beete aufzufüllen. Wenn Sie die Beete nicht verputzen, sehen Backsteine wesentlich schicker aus.
Wasserwaage
Gummihammer
Putz
Abziehbrett
Fassadenfarbe und Pinsel
Substrat
Oberboden
Kies (bei Bedarf)
Farne (siehe rechte Seite)

SO GEHT'S

1. Suchen Sie sich oder schaffen Sie eine ebene Fläche im Garten, heben Sie einen Graben von etwa 10 cm Tiefe und so breit wie die Mauer aus.
2. Füllen Sie in den Graben groben Bauschutt ein, den Sie gründlich verdichten. Sie können dafür einen Rüttler mieten, denn diese Grundlage muss wirklich stabil werden – hier sitzt Ihre Mauer auf. Falls der Grund aus Beton besteht oder wenn Sie stark verdichteten Boden haben, können Sie darauf vielleicht verzichten. Falls Sie deswegen unsicher sind, holen Sie sich professionellen Rat.
3. Mischen Sie Mörtel aus Sand und Zement im Verhältnis von 3:1. Fügen Sie Wasser hinzu, bis sich eine Konsistenz wie von Softeis ergibt – weich genug zum Aufstreichen und Formen, fest genug, um nicht zu verfließen. Fügen Sie ein Netzmittel hinzu (nur ein Spritzer pro Eimerladung Zement) und vermischen Sie alles gründlich.
4. Geben Sie Mörtel auf die Backsteine. Wählen Sie beim Aufschichten der Steine ein schönes Muster und schauen Sie, dass alle gut aneinander sitzen. Streichen Sie immer Mörtel auf die untere Reihe und auf die vordere Kante des Backsteins, den Sie auflegen wollen, sodass der folgende Stein immer in ein L-förmiges Mörtelbett kommt.
5. Nach dem Auflegen eines jeden Backsteins setzen Sie die Wasserwaage darauf und ebenso auf den angrenzenden Backstein, dann schlagen Sie mit einem Gummihammer darauf, bis der neue Backstein eben sitzt.
6. Lassen Sie den Mörtel für mindestens 24 Stunden oder ein paar Tage lang bei schönem Wetter trocknen. Verputzen Sie dann die Außenseite.
7. Mischen Sie den Putz an, wie auf der Packung beschrieben, dann streichen Sie ihn von unten nach oben mit dem Abziehbrett glatt. Streichen Sie den Putz gut in die Lücken ein. Wenn Sie wollen, können Sie ein wenig Textur hinterlassen, wenn nicht, waschen Sie das Abziehbrett immer wieder und streichen wiederholt über die Wand. Falls Sie sich beim Mauern und Verputzen unsicher fühlen, beauftragen Sie einen Fachbetrieb.
8. Nach dem Trocknen können Sie den Putz anstreichen. Auf der Packung finden Sie Angaben zur Trocknungszeit, sie dauert gewöhnlich zwei oder drei trockene Tage. Es gibt bereits eingefärbten Verputz, diesen müssen Sie nicht mehr anstreichen.
9. Füllen Sie in das Hochbeet eine Mischung aus gleichen Teilen Substrat und Oberboden ein, die obersten 30 cm sollten einen etwas höheren Substratanteil bekommen. Farne gedeihen in der Natur unter Bäumen, daher ist selbstgemachter Laubkompost ein billiges und ausgezeichnetes Wachstumsmedium. Steht das Hochbeet auf einer Betonunterlage, empfehle ich dringend eine etwa 10 cm dicke Splittschicht am Beetgrund. Dafür mischen Sie ins restliche Substrat Sand, Splitt oder Feinkies ein.
10. Drücken Sie die Erde gut fest, indem Sie über die gesamte Oberfläche stapfen (dadurch verkleinern sich die Grobporen, was die Wasserhaltefähigkeit erhöht).
11. Setzen Sie die ausgewählten Farne mit der Pflanzschaufel oder dem Spaten ein. Gießen Sie gut an.
12. Halten Sie alles gut feucht.

↑ Entfernen Sie abgestorbene oder sich verfärbende Wedel immer gleich mit einer scharfen, sauberen Gartenschere und mulchen Sie während der Wintermonate mit einer Kompostauflage, um den Farnen ausreichend Nährstoffe zu bieten.

Farne, die sich für ein gemauertes Beet gut eignen:
Baumfarn
Wurmfarn-Arten
Streifenfarn-Arten
Frauenhaarfarn-Arten
Rippenfarn für raues Klima
Elefantenfarn gehört zu meinen Lieblingen, braucht aber Frostschutz.

TERRARIUM FÜR DRAUSSEN

🕐 **EINE STUNDE**

Ein Terrarium ist ein kleiner fantasievoller Garten im Gefäß für drinnen oder draußen. Es ist ein wunderbares, pflegeleichtes Pflanzgefäß, ideal für kleine Farne, die man feucht hält, oder für sukkulente Arten, die es trocken haben wollen.

Die meisten Glasbehälter eignen sich für dieses Projekt, doch je größer das Gefäß, desto mehr Pflanzen werden Sie dafür brauchen. Terrarien sind oft rund, weil diese Form die Feuchtigkeit am besten einfängt – an der Wölbung oben kondensiert Wasser, sodass es zurück auf die Pflanzen rinnt. Für ein Terrarium kommt aber jede Form in Frage, solange genug Platz zwischen den Pflanzen und Abstand zum oberen Rand bleibt. Unbedingt muss das Gefäß eine Öffnung zur Belüftung haben. Gleich ob Sie Sukkulenten, Farne oder Moose ziehen, die Öffnung schützt vor Überhitzung und übermäßiger Nässe. Unter warmen, feuchten Bedingungen entwickeln sich bakterielle Keime, die Sukkulenten faulen, während die Farne schlicht überhitzen.

SIE BRAUCHEN

Feinkies
Trichter
Glasgefäß mit Öffnung zur Belüftung
Blumentopferde
Aktivkohle
Steine
Pikierstab oder Stöckchen
Pflanzen nach Wahl
(Farne, Moose oder Sukkulenten machen sich gut)

SO GEHT'S

1. Geben Sie auf den Boden des Gefäßes Feinkies, den Sie durch einen Trichter einfüllen, damit der Gefäßrand sauber bleibt. Füllen Sie Blumenerde ein, wieder mithilfe eines Trichters. Geben Sie Aktivkohle dazu, damit das Wasser später klar bleibt.

2. Feuchten Sie Substrat und Kies an, doch machen Sie es nicht zu nass. Terrarien haben ihren eigenen Wasserkreislauf und verlieren nicht sehr viel.

3. Bauen Sie Stufen ein, damit es spannender aussieht. Häufeln Sie dafür einfach Substrat im Hintergrund auf, das Sie mit Steinen stützen, im Sinne einer Mini-Berglandschaft.

4. Setzen Sie die Pflanzen mit einem Pikierstab oder einem Stöckchen ein, denn es kann je nach Form des Gefäßes schwierig sein, mit den Händen in den Innenbereich zu gelangen.

5. Pflanzen Sie von hinten nach vorne, damit Sie keine Gewächse verdecken und Sie immer den Überblick behalten.

6. Ist das Terrarium einmal bepflanzt, halten die Pflanzen das Wasser zurück. Stellen Sie es möglichst geschützt vor Regen auf, damit Sie den Wasserstand unter Kontrolle haben. Schattige Plätze sind von Natur aus trocken, sie eignen sich am besten für diese Art von Terrarium. In Frage kommt etwa der Fuß einer Mauer im Regenschatten oder der Platz unter einem Baum, wo sehr wenig Regen durchdringt. Sie brauchen nur einmal pro Woche zu gießen, bei Sukkulenten noch viel, viel weniger. Stellen Sie es aber dann in die Sonne und bringen Sie es während nassen Perioden in ein Glashaus.

TIPP Im Terrarium entsteht durch die Glaswölbung ein besonderes Mikroklima, das die Kultur spezieller Pflanzenarten in gemäßigten Regionen ermöglicht und Wasser zurückhält, wenn die Witterung trocken ist. Wenn Sie kälteempfindliche Pflanzen im Freien ziehen, bedenken Sie aber dennoch, dass Glas nicht besonders gut isoliert. Sie müssen das Gefäß daher während des Winters mit einem Tuch bzw. Vlies abdecken oder ins Haus bringen.

Zu meinen Favoriten gehören:
Sukkulenten: Hauswurz, *Echeveria*, Dickblatt und Fetthenne
Farne: Wurmfarn, Streifenfarn und Moosfarn
Moose und Moosfarn: *Lycopodium*, *Leucobryum* und *Selaginella*

24

OBSTBÄUME IN KÜBELN

⏱ **EINE STUNDE**

Obstbäume lassen sich nicht nur leicht kultivieren, sie sind außerdem sehr attraktive Bäume, was besonders für jene aus der Familie der Rosengewächse zutrifft, wozu Äpfel, Birnen, Kirschen, Mandeln, Aprikosen und Pfirsiche gehören. Sie bilden im Frühling ihre familientypischen Blüten in Farben zwischen Weiß, Zartrosa, Rosa und tiefem Kirschrot. Viele haben einen farbkräftigen Austrieb und natürlich entwickeln sich Früchte. Von denen sind aber nicht alle essbar. Passen Sie bei der Auswahl auf!

Viele Obstgehölze aus der Familie der Rosengewächse beeindrucken mit schöner Herbstfärbung. Die herrlichen Pflanzen gedeihen gut in einem Topf. In diesem ist das Wachstum begrenzt, das heißt, die Kultur ist daher sogar auf dem Balkon oder einer kleinen Dachterrasse möglich.

Etwas speziellere Obstgehölze bringen ein etwas größeres Erfolgserlebnis. Ein Pfirsich wäre eine nicht ganz alltägliche Wahl, eine weitere Option wären Heidelbeeren (obwohl sie keine Rosengewächse sind). Die gesunden Heidelbeeren werden bei uns immer beliebter. Sie sind winterhart (etwas geschützt) und leicht zu ziehen. Diese Sträucher brauchen eine saure Erde oder Rhododendronsubstrat. Wenn Sie nicht den geeigneten Boden haben, sollten Sie Heidelbeeren sowieso besser im Topf ziehen.

SIE BRAUCHEN

Blumentopferde (für Heidelbeeren Rhododendronerde)
Langsam wirkenden Dünger – Mistpräparate wie Hühnermistpellets, abgelagerter Kuh- oder Pferdemist, Hornspäne
Tonscherben
Topf jedweder Art. Nehmen Sie am besten den größten, den Sie bekommen können, je mehr Erde, desto mehr Nährstoffe sind für Blüten und Früchte vorhanden.
Pfirsichbäumchen – suchen Sie sich eine schmackhafte Sorte wie 'Arctic Supreme', 'Amber', 'Diamond'
Kies zum Abdecken der Oberfläche

SO GEHT'S

1. Mischen Sie den Dünger unter das Substrat gemäß den Angaben auf der Packung.
2. Geben Sie in den Topf eine Lage Tonscherben, bringen Sie darauf eine Schicht Substratmischung auf.
3. Stellen Sie den Pfirsichbaum hinein und füllen Sie mit dem verbliebenen Substrat auf, indem Sie die Erde rund um den Wurzelballen mit den Händen andrücken. Gießen Sie danach gut an.
4. Düngen Sie die gesamte Wachstumszeit über mit kaliumbetonten Flüssigdünger, besonders zur Zeit der Fruchtentwicklung. Geben Sie im Winter langsam löslichen Dünger, etwa in Granulatform, hinzu.
5. Falls sich übermäßig viele Früchte entwickeln, müssen Sie sie im Verlauf des Jahres ein wenig ausdünnen. Wenn das Nährstoffangebot begrenzt ist, wie es im Topf der Fall ist, kann die Pflanze keine Unmengen leckerer, großer und saftiger Früchte ausbilden, stattdessen entwickeln sich kleinere, weniger schmackhafte. Durch Verringerung der Anzahl bilden sich größere, aromatischere und saftigere Früchte.
6. Während Frostperioden ist es sinnvoll, den Topf ins Haus oder in ein Gewächshaus zu stellen. Die meisten Obstbäume sind winterhart, doch vergewissern Sie sich, ob dies auch für die von Ihnen gewählte Sorte im Topf zutrifft.

Den Obstbaum bestäuben
Falls Sie nur eine einzige Pflanze haben, kann es sinnvoll sein, mithilfe eines Pinsels die Bestäubung der Blüten von Hand vorzunehmen (sortenabhängig). Das muss während der Blütezeit im Frühjahr geschehen. Nehmen Sie mit einer sauberen Pinselspitze Pollen von den Staubbeuteln ab, wechseln Sie dann zu einer anderen Blüte an derselben Pflanze und streifen Sie den Pollen an der Narbe ab. Je mehr Blüten es Ihnen gelingt zu bestäuben, desto mehr Früchte werden sich im Verlauf der Vegetationszeit entwickeln.

25

TROPEN-FLAIR FÜR JEDE ECKE

🕐 **EIN NACHMITTAG**

Dieses völlig winterharte Projekt bringt in jede Umgebung tropische Atmosphäre. Es funktioniert ideal in einem Innenhof, besonders in der Nähe eines Essplatzes im Freien. Mir kommt es immer so vor, dass ein Essen in tropischer Umgebung die Illusion von einem warmen Sommerabend unterstützt. Sie brauchen keinen warmen Platz, um eine tropisch aussehende Pflanzkombination anzulegen, doch wenn Sie diese Voraussetzungen haben und der Standort obendrein frostfrei und feucht genug für das Pflanzenwachstum ist, können Sie anstelle der hier gewählten Pflanzen empfindlichere Alternativen ziehen, wie Dahlien, Canna, Bananen und Ingwer. Weil nicht alle von uns das Glück haben, in einer warmen Region zu leben, habe ich Arten ausgesucht, die mit einem gemäßigten Klima zurechtkommen (die Zimmeraralie verlangt einen vor starkem Frost geschützten Platz).

Sie können so gut wie alle Pflanzgefäße verwenden. Weil die Bepflanzung aber auf raffinierte Weise Höhe in den Garten einbringt, muss ein Gefäß deutlich höher sein als die anderen beiden (etwa doppelt so hoch). Später wird man nur das große Gefäß sehen, wählen Sie dafür ein schönes Exemplar. Wenn Sie etwas Geld sparen wollen, können Sie in die Mitte einen alten kleinen Topf setzen und im großen einen stabilen aus Kunststoff verstecken.

SIE BRAUCHEN

Drei große Töpfe, zwei davon kleiner (etwa halb so groß wie der größte)
Tonscherben
Substrat
Wasserspeicherndes Granulat
Düngergranulat
Pflanzen (siehe unten)

SO GEHT'S

1. Am besten bauen Sie dieses Pflanzprojekt an seinem endgültigen Platz auf, denn es wiegt schwer und ist ein wenig instabil, bis die sich entwickelnden Wurzeln es stützen werden.
2. Stellen Sie einen kleinen umgedrehten Topf auf den Grund des großen Topfes.
3. Darauf stellen Sie einen kleinen Topf. Er muss nicht schön aussehen, denn die Bepflanzung wird ihn verbergen.
4. Legen Sie Tonscherben in beide aufrechten Gefäße.
5. Mischen Sie wasserspeicherndes Granulat sowie Düngergranulat gemäß den Anweisungen auf der Packung unter das Substrat.
6. Füllen Sie den großen Topf fast ganz mit Substrat auf und geben Sie ein wenig davon in den kleineren.
7. Setzen Sie Ihre höchste Pflanze in den kleinen Topf und füllen Sie rundherum mit Substrat auf.
8. Bepflanzen Sie den großen Topf so, dass er farbenfroh und üppig wirkt. Wenn Ihnen das Bild gefällt, füllen Sie mit Substrat auf. Gießen Sie gut.
9. Geben Sie während der gesamten Wachstumszeit Düngergranulat.
10. Schneiden Sie krautige Pflanzen im Herbst zurück.
11. Schneiden Sie Sträucher in Form und entfernen Sie falls nötig alle abgestorbenen oder kranken Pflanzenteile.

← Ich habe eine hohe Zimmeraralie für die Bepflanzung gewählt. Als kleinere Pflanzen für das untere Stockwerk eine stark geschlitzte Holundersorte, Rudbeckie, Schmetterlingsingwer (*Hedychium*), Storchschnabel, Strauchveronika (Hebe).

BONSAI-WALD IN TÖPFEN

Die Bonsai-Kunst (oder Penjing) hat ihren Ursprung in China, bei dieser altüberlieferten Technik wird das Baumwachstum durch die Kultur im Topf begrenzt. Die perfekten Abbilder ihrer größeren Brüder können jahrhundertealt werden. Das ist das Richtige für fürsorgliche, gewissenhafte Menschen. Wenn Sie aber lieber Grünzeug in den Topf oder Boden stecken, wo die Natur alles Weitere besorgt, dann lassen Sie besser die Finger von dieser traditionellen Kunst.

Für die Bonsai-Kultur verwenden Sie unbedingt die dafür erhältlichen Schalen. Baumwurzeln wachsen auf ganz bestimmte Weise, daher sind Bonsai-Töpfe breit und flach, um ihrer Form zu entsprechen. Stellen Sie sich ein Weinglas vor, dessen Kelch der Baumkrone und dessen Wurzeln dem Fuß entsprechen. Ein sehr tiefer Topf würde jede Menge verschwendetes Substrat enthalten. Bonsai-Töpfe sind meist glasiert, dadurch halten sie das Wasser gut.

SIE BRAUCHEN
Bonsai im Topf
Schnittwerkzeug für Bonsai
Bonsai-Substrat

SO GEHT'S

1. Wässern Sie nur, wenn die Erde beginnt auszutrocknen, das Substrat muss das Wasser dann gut aufsaugen. Tauchen Sie den Topf entweder in einem Eimer oder einer Wanne in Wasser oder gießen Sie so lange von oben, bis unten Wasser austritt. Wiederholen Sie das ein paar Minuten später nochmals.

2. Düngen ist für den Erhalt der Bonsai wesentlich. Düngen Sie während der gesamten Wachstumszeit mit speziell dafür ausgewiesenem Dünger.

3. Wichtig ist auch der Schnitt, er ist bei den Wurzeln bedeutsamer als bei den Triebspitzen. Entfernen Sie dennoch alle abgestorbenen oder kranken Äste, alle sich kreuzenden oder aneinander reibenden Zweige und alle Triebe, die nicht gut aussehen.

4. Die verwendete Erde ist entscheidend, kaufen Sie spezielles Bonsai-Substrat. Es kommt auch darauf an, einen Baum an seine Grenzen zu bringen. Topfen Sie daher nicht zu oft um – alle paar Jahre genügt. Ansonsten wird der Baum größer und sieht immer weniger nach einem Bonsai aus.

SCHNITTBLUMEN AUS DER KISTE

EIN NACHMITTAG

Nahezu alle Blumen kann man schneiden, um damit die Wohnung zu dekorieren. Aber bestimmte Arten eignen sich dafür besonders gut, etwa solche mit starken, langen Stängeln, die in der Vase länger gesund bleiben. Außerdem kommt es auf subjektive Kriterien wie Ihre bevorzugten Farben oder Düfte an. Wenn Sie Blumen in einer engen Abfolge in der Kiste anziehen, haben Sie durch die Jahreszeiten hindurch Schnittblumen. Sie können verschiedene Blumen, die zu unterschiedlichen Zeiten blühen, im gleichen Pflanzgefäß ziehen, doch dafür müssen Sie die Auswahl abstimmen. Sie müssen die Arten so wählen, dass sie zusammenpassen, wenn sie blühen. Es bringt zum Beispiel nichts, eine Sonnenblume zeitgleich blühend neben einer hellgelben Lilie zu haben, die einfach nicht gut zusammen aussehen. Ein wenig Geschick ist schon für das Anlegen eines Pflanzgefäßes mit Schnittblumen nötig, aber die Schwierigkeiten beim Planen der Abfolge und des Aussehens lassen sich durch mehrere Pflanzgefäße umgehen – vielleicht eines für jeden Raum im Haus oder eines für warme und ein anderes für kalte Farben.

Was die Pflanzenauswahl betrifft, berücksichtigen Sie vorrangig die Textur. Verschiedene Texturen ergänzen einander, ein Farnwedel oder schäumendes Schleierkraut heben Rosenblüten erst so richtig hervor. Diese verschiedenen Kriterien tragen zu einer wirklich gelungenen Kombination bei, doch am wichtigsten sind Pflanzen, die Sie mögen!

TIPP

Im Gegensatz zu anderen Kombinationen mit Zierpflanzen kann es hier sinnvoll sein, die Pflanzen wie Gemüse zu ziehen, nämlich in Reihen. Wenn Sie in großen Gruppen oder in Reihen pflanzen, haben Sie dann immer die Gewissheit über das Aussehen Ihrer Blumen, sogar wenn die Knospen noch nicht geöffnet sind und Sie das Vergnügen haben, sie schön zu arrangieren.

SIE BRAUCHEN

Große Holzkiste – groß genug um verschiedene Blumenarten aufzunehmen und tief genug für die Kultur von Blumenzwiebeln und Stauden
Kunststoffeinlage
Tackergerät
Schere
Substrat
Pflanzen
Blumenzwiebeln
Düngergranulat oder beliebigen langsam wirkenden Dünger

Kombinieren Sie zueinander passende Arten für eine abwechslungsreiche Abfolge. Wählen Sie Farben und Arten, die Ihnen am besten gefallen, denn sie kommen in Ihren Wohnbereich und bleiben nicht nur im Garten.

Blumenzwiebeln
Tulpe 'Queen of Night'
Narzisse 'Silver Chimes'
Zierlauch (*Allium caeruleum*)
Einjährige aus Samen
Mohn
Jungfer im Grünen
Kornblume
Mehrjährige
Rosafarbene Rosen
Sonnenbraut
Nelken

SO GEHT'S

1. Am besten beginnen Sie mit dem Projekt im Herbst, damit Sie im folgenden Jahr eine üppige Schnittblumenernte haben. Bepflanzen Sie die Kiste an ihrem endgültigen Standort, wählen Sie dafür einen gut vor Wind geschützten Platz. Schließlich sollen die Stängel unbeschadet gedeihen. Es sollte den ganzen Tag über Sonnenlicht einfallen, damit die Stängel streng aufrecht wachsen und sich nicht zum Licht beugen müssen.
2. Kleiden Sie die Kiste mit der Kunststoffeinlage aus. Befestigen Sie sie mithilfe eines Tackergerätes an den Seiten.
3. Schneiden Sie am Boden Löcher in die Einlage, damit Wasser abfließen kann.
4. Füllen Sie in das Pflanzgefäß 15 cm hoch das Substrat ein.
5. Legen Sie die Blumenzwiebeln in Reihen aus, zwischen diese Reihen

setzen Sie krautige Pflanzen. Füllen Sie rundherum mit dem restlichen Substrat auf.

6. Düngen Sie im Frühjahr mit Mistpellets oder einem anderen langsam wirkenden Dünger gemäß den Anweisungen auf der Packung.
7. Schneiden Sie alle spät blühenden Mehrjährigen zur Frühjahrsmitte auf die halbe Trieblänge zurück. Falls Sie mehr Blumen wollen, bedenken Sie, dass sie kleiner bleiben als die nicht geschnittenen. Wenn Sie nur die Hälfte zurückschneiden, bewirken Sie eine schöne Abfolge von Schnittblumen.
8. Säen Sie im Frühjahr einjährige Sommerblumen, die später im Jahr blühen sollen (mit Ausnahme von Duft-Wicken, sie entwickeln sich oft besser, wenn sie bereits im vorigen Herbst gesät wurden).
9. Schneiden Sie Blütenstiele von Blumenzwiebeln kurz bevor sich die Knospen öffnen.
10. Schneiden Sie Blumenstängel immer schräg an und stellen Sie sie in sauberes Wasser mit Frischhaltemittel (mindert die Gefahr von Bakterieninfektionen und erhöht die Haltbarkeit).
11. Sind die Zwiebelblumen alle verblüht, setzen Sie an deren Stelle Sommerblumen.
12. Halten Sie die Kiste den ganzen Sommer über feucht. Regelmäßiges Ausputzen der Blüten verlängert ihre Blütezeit.
13. Bevor Sie die Stängel ins Wasser stellen, entfernen Sie die unteren Blätter.

28

BEMALTE TÖPFE FÜR ZWIEBELBLUMEN

 EINE STUNDE

Wer ein großer Freund von Töpfen und Kübeln ist, schätzt Blumenzwiebeln ganz besonders. Sie wachsen in nahezu jedem Boden und benötigen kaum Pflege. Wenn Sie die Arten mit Bedacht auswählen, kommen diese jedes Jahr wieder. Ganz besonders schöne Zwiebelblumen wie Tulpen verlangen etwas mehr Aufwand, man muss sie unter Umständen alle zwei Jahre ersetzen, sonst werden sie immer kleiner und irgendwann kommen sie gar nicht mehr wieder.

Heutzutage zieht man eher weniger leuchtende, kräftige Zwiebelblumenbepflanzungen. Ich erfreue mich aber nach wie vor an einer heiteren, unverhohlenen Farbenwahl. Mit einer guten Sortenmischung können Sie eine geschmackvolle, harmonische und elegante Bepflanzung zusammenstellen, die bei geringem Pflegeaufwand auch im nächsten Jahr wieder blüht. Der Farbanstrich der Töpfe kann wenig ausgefallen sein und schafft so eine Anmutung voll traditionellem Charme.

SIE BRAUCHEN

Terrakottaähnliche Tontöpfe (jeglicher Art, nicht zwingend rustikal)
Farbe und Pinsel, es eignet sich jede robuste Farbe. Wenn Sie sich leuchtende Farben wünschen, bieten Acrylfarben die größte Auswahl, wollen Sie klassische, eher gedeckte Töne, ist eine Fassadenfarbe am beständigsten.
Tonscherben
Blumentopferde
Blumenzwiebeln

↑
Zu meinen bevorzugten Zwiebelblumen gehören:
Allium hollandicum 'Purple Sensation', Schachbrettblume, Honiglauch, Prärielilie (rosa oder weiß), Narzisse 'Thalia', Sternhyazinthe

SO GEHT'S

1. Am besten starten Sie mit dem Pflanzprojekt im Herbst. Im Frühjahr blühen viele Zwiebelblumen bereits und kosten mehr. Zudem ist die Chance, dass sie im nächsten Jahr wieder kommen und gesund aussehen, gering. Schneeglöckchen machen da eine Ausnahme, man kauft sie pflanzfertig mit grünem Laub.

2. Malen Sie den unteren Topfteil zur Hälfte oder zu zwei Dritteln nach Belieben an. Mit einer sehr auffälligen Farbe können Sie auch den ganzen Topf anstreichen (dann sollten Sie bei den Zwiebelblumen etwas sanftere Töne wählen). Jeder subtilere Farbton klappt gut, wenn der Topf nur zur Hälfte bemalt ist, etwa Hellrosa, Lila, Weiß, Blassblau, helles Blaugrün, Grau oder gar Marineblau (besonders neben dem Terrakottaton). Beginnen Sie beim Bemalen immer mit der Hälfte des Topfes, wenn die Farbkombination nicht gut aussieht, können Sie den Topf vollständig anstreichen.

3. Legen Sie ein paar Tonscherben oder einige Steine auf den Topfboden, denn die meisten Zwiebelblumen vertragen es nicht, wenn sie im Wasser stehen. Das kann vor allem im Winter zu Fäulnis führen. Besser man sorgt für eine zusätzliche Dränage. Wenn Sie hier auf Nummer sicher gehen wollen oder in einer Region mit viel Regen leben, fügen Sie noch Splitt hinzu.

4. Füllen Sie Topferde bis etwa 15 cm unter dem Rand ein.

5. Legen Sie auf diese Schicht die größten Zwiebeln – etwa von Zierlauch und

Prärielilie (*Camassia*). Als Faustregel gilt, dass man Zwiebeln im Allgemeinen dreimal so tief setzt, wie sie hoch sind. Davon gibt es ein paar Ausnahmen, wie Hyazinthen, die an die Oberfläche gepflanzt werden, um ihre Blüte zu fördern. Wenn Sie sich unsicher fühlen, beachten Sie die Anweisungen zur Pflanztiefe, die sich auf der Rückseite der meisten Verpackungen finden. Normalerweise können Sie mit der Faustregel wenig falsch machen.

6. Streuen Sie eine Lage Substrat über die Spitzen der Blumenzwiebeln, bis etwa 10 cm unter den Topfrand.
7. Bringen Sie eine Schicht Narzissen und Honiglauch (*Nectaroscordum*) auf. Füllen Sie mit Substrat bis etwa 5 cm unter dem Topfrand auf.
8. Gießen müssen Sie nicht. Wenn die Töpfe im Freien stehen, erledigt das der Regen in der Winterzeit.
9. Düngen Sie die wachsenden Zwiebelblumen mit gekörntem, organischem Dünger. Schneiden Sie die Samenstände ab, bevor sie sich voll entwickeln können. Entfernen Sie gänzlich braun gewordene Stängel und ergänzen Sie das Substrat jedes Jahr mit frischer Erde.
10. Damit die Bepflanzung Jahr für Jahr optimal aussieht, können Sie jeden Herbst einige Zwiebeln neu dazusetzen. Alle Tulpen, die nicht mehr blühen, sollten Sie ersetzen. Oder Sie fügen einfach neue Tulpen hinzu, denn nach ein paar Jahren werden sie sowieso immer schwächer.

KEIMLINGE IM BILDERRAHMEN

 **EIN NACHMITTAG**

Wir Gärtner sind ganz schön stolz auf unsere Pflanzen, insgeheim sehen wir unsere Gärten und Pflanzen als kleine Kunstwerke an. Dabei ist es alles andere als üblich, sie in einen Bilderrahmen zu setzen. Aber es ist eine tolle Möglichkeit, sie in ihrer ganzen Schönheit zu bestaunen. Man kann jedes Entwicklungsstadium, von der Keimung zum Auflaufen, bis hin zur fertigen Jungpflanze zeigen. Alle Pflanzen mit flachem Wurzelsystem wie Alpine, Sukkulenten, Mittelmeerkräuter und Moose kommen in so einem Behälter prima zurecht, sofern er gut gewässert wird. Es macht großen Spaß, Kinder auf diese Weise ans Gärtnern heranzuführen und ihnen gleichzeitg Interessantes zu Natur und Wissenschaft zu vermitteln. Das fasziniert uns Erwachsene ebenso!

SIE BRAUCHEN

Ein Stück dünnes Sperrholz
Bilderrahmen von 3 cm Tiefe, bei dem Bild und Glas entfernt worden sind
Wasserfeste Farbe (in einem Ton nach Belieben, dunkle Farben passen gut)
Pinsel
Plexiglas (geschnitten auf zwei Drittel der Höhe des Bilderrahmens)
Bohrgerät
Schrauben und Schraubendreher
Bildaufhänger
Starken ummantelten Draht
Wandhaken
Hammer
Nagel
Aussaatsubstrat (oder Blumentopferde, falls Sie etwas anderes ziehen wollen)
Samen nach Wahl

SO GEHT'S

1. Schneiden Sie ein Stück Sperrholz in den Abmessungen des Rahmens.
2. Streichen Sie das Sperrholz und das Rahmeninnere mit der gewählten Farbe, lassen Sie alles richtig trocknen, damit keine Erde kleben bleibt.
3. Stecken Sie das Plexiglas dort ein, wo normalerweise das Glas hinkommt, die Lücke schaut nach oben.
4. Schrauben Sie das Sperrholz mit Holzschrauben hinten an den Rahmen.
5. Bohren Sie drei bis vier Dränagelöcher in die Unterseite des Rahmens.
6. Bringen Sie Bildaufhänger an der Rahmenrückseite für den Draht an. Gewöhnlich lassen sich Aufhänger mit Ösen leicht anschrauben, machen Sie dies von Hand und nicht mit dem Akkuschrauber. Fädeln Sie den Draht hindurch, lassen Sie ihn auf der Rückseite doppelt verlaufen, sodass sich die Enden umeinander schlingen.
7. Bringen Sie mit Hammer und Nagel einen Wandhaken an.
8. Hängen Sie den Rahmen am Draht auf, gleichen Sie aus, bis der Rahmen gerade hängt.
9. Füllen Sie Erde in den Rahmen ein, oben lassen Sie ein paar Zentimeter frei.
10. Streuen oder legen Sie Samen aus. Gießen Sie gut, halten Sie alles feucht. Beobachten Sie das Wachstum!
11. Nehmen Sie die Keimlinge heraus, wenn die ersten echten Blätter erscheinen. Wenn oben ein Drittel ausgespart ist, geht das mit einem Pikierstab oder Stift. Ansonsten nehmen Sie den Rahmen ab und schrauben die Rückwand weg, um zu den Keimlingen zu gelangen.

Besonders gesundes Gemüse können Sie ernten, wenn Sie Keimlinge in einem Bilderrahmen anziehen. Gut funktioniert es mit Erbsensprossen, Koriander, Lauch, Kohl, Senf, Rettich und Radies.

30

SCHRÄNKCHEN IN ORANGE UND BLAU

🕐 EIN NACHMITTAG

Was kann märchenhafter oder ungewöhnlicher sein, als ein zum Pflanzcontainer umfunktioniertes Möbelstück? In vielen unserer Häuser oder Schuppen stehen ausgediente Stücke herum, es ist Zeit, sie hervorzuholen und sie in etwas Neues zu verwandeln. Dieses Pflanzprojekt klappt am besten mit einem Schubladenkasten, es lässt sich aber nahezu jedes Schränkchen in etwas Schönes und Nützliches verwandeln.

Ein Möbelstück aus Holz braucht zunächst einen Anstrich mit Lack oder Holzschutzmittel, wenn es lange im Garten halten soll. Ich mag Blau und Orange – die beiden Komplementärfarben wirken elegant, zugleich hat die Kombination etwas Rostiges, sie mutet naturhaft an, aber merkwürdig unnatürlich. Nur sehr wenige Pflanzen blühen von Natur aus leuchtend blau, dadurch wirken sie überirdisch, aber das fahle Orange verankert sozusagen alles fest am Boden.

SIE BRAUCHEN

Ein altes Schränkchen mit Schubladen in beliebiger Größe. Es kann aus Holz gefertigt sein (braucht dann aber einen Schutzanstrich), aus Metall oder aus Kunststoff. Am besten funktioniert es mit drei Schubladen, denn die Pflanzen müssen wachsen können.
Holzschutzmittel bzw. Lack und Pinsel
Bohrgerät
Folie zum Auslegen
Schrauben und Schraubenzieher
Blumentopferde
Pflanzen

Blaues und Orangefarbenes:
Edeldistel
Schmucklilie
Lobelie 'Blue Cascade'
Blauschwingel 'Elijah Blue'
Segge 'Red Rooster'
Montbretie
Hornnarbe
Neuseeland-Windgras
Blaublütiger Storchschnabel
Lavendel
Libertia peregrinans

SO GEHT'S

1. Nehmen Sie die Schubladen heraus. Ein hölzernes Schränkchen streichen Sie komplett mit Lack oder Holzschutzmittel an.
2. Bohren Sie in Abständen von etwa 7 cm Dränagelöcher in jede Lade.
3. Kleiden Sie jede Schublade, die Sie bepflanzen wollen, mit Kunststofffolie aus und bringen Sie darin Löcher über den Dränagelöchern der Laden an. Bei einem gewöhnlichen Kästchen mit drei Schubladen bepflanzt man wegen der Gewichtsverteilung am besten die obere und die untere Schublade, nicht aber die mittlere.
4. Setzen Sie die Schubladen so ein, dass die unterste am weitesten vorsteht und die obere nur in Pflanzenbreite geöffnet ist.
5. Schrauben Sie die Schubladen in ihrer Position fest, damit sie nicht durch das Einfüllgewicht herausfallen.
6. Füllen Sie die Schubladen mit Substrat.
7. Ordnen Sie die Pflanzen in den Schubladen an, herabhängende Gewächse wie Storchschnabel sollten die Kanten verdecken. Gießen Sie an.
8. Halten Sie die Pflanzen während der gesamten Wachstumszeit feucht. Bei den genannten Arten müssen Sie die Blüten nicht ausputzen, mit Ausnahme der Lobelie. Wenn Sie die Samenstände so lange wie möglich (bis in den Winter hinein) stehen lassen, bieten Sie den Vögeln Futter.

Beschweren Sie das Schränkchen zur Sicherheit oder schrauben Sie es fest.

FÜR HERBST & WINTER

EIN NACHMITTAG

Ist es nicht seltsam, dass die meisten Duftpflanzen am besten im Schatten gedeihen? Das hängt damit zusammen, dass Insekten im Schatten von Bäumen die Blüten nur schwer wahrnehmen. Wenn Pflanzen die Insekten also mit süßem Duft anlocken können, erhöht sich ihre Wahrscheinlichkeit, dass sie bestäubt werden. Häufig haben Schattenpflanzen weiße Blüten, damit sie so gut wie möglich erkennbar sind. Betörender Duft und weiße Blüten können eine tolle Kombination sein. Besser lässt sich eine schattige Ecke im Garten kaum nutzen. Eine Reihe von Pflanzen blüht im Winter oder Spätherbst, sie bringen Farbe in der vegetationsarmen Jahreszeit.

So eine Pflanze, nämlich eine Chrysantheme, habe ich in ein aus Zement gefertigtes Pflanzgefäß gesetzt. Als Form diente ein Wok. An einem schattigen Platz wird sich darauf ein dichter Belag aus Moos bilden, dadurch entsteht ein natürlicher und gereifter Eindruck.

SIE BRAUCHEN

Ein Steingefäß – eines, das schön altert und mit der Zeit eine hübsche Moospatina bekommt. Falls Sie kein Steingefäß haben, können Sie aus Mörtel mithilfe eines Woks und mit Vaseline selbst ein Kunststeingefäß herstellen. (siehe „So geht's")
Blumentopferde
Pflanzen

SO GEHT'S

1. Mischen Sie etwas Mörtel (in einer körnigen und nicht nassen Konsistenz).
2. Verstreichen Sie Vaseline in einem alten Wok.
3. Streichen Sie den Wok rundum 3 bis 4 cm dick mit der Mörtelmischung aus. Lassen Sie in der Mitte ein Dränageloch (funktioniert, wenn die Mischung trocken genug ist).
4. Entfernen Sie den Kunststein nach einer Trocknungszeit von 48 Stunden aus dem Wok. Er müsste leicht herausfallen, wenn Sie ausreichend Vaseline verwendet haben.

DAS BEPFLANZEN

1. Ein einzelnes Exemplar, zum Beispiel eine Chrysantheme, setzen Sie alleine in den Trog. Der runde Umriss der Chrysantheme korrespondiert mit der Form des Woks, das passt wunderbar zusammen.
2. Halten Sie das Substrat feucht, aber nicht nass, geben Sie alle paar Monate gekörnten Dünger.
3. Sie können einen Trog auch an einen schattigen oder halbschattigen Platz im Garten stellen. Wenn die Wand oder der Zaun oberhalb des Troges ausreichend Sonne abbekommt, wird zum Beispiel eine Clematis reich blühen. Fällt kein Sonnenlicht ein, ersetzen Sie die Clematis durch Efeu – seine Blüten duften nicht so stark, aber im Herbst ist er für Bienen attraktiv.
4. Füllen Sie den Trog bis fast zum Rand mit Substrat auf.
5. Setzen Sie die Clematis nach hinten, befestigen Sie sie an der Rückwand. Davor setzen Sie Duftenden Seidelbast. Bepflanzen Sie den vorderen Teil des Troges mit Maiglöckchen, gießen Sie an. Falls Sie mithilfe eines Woks ein Pflanzgefäß hergestellt haben, lassen Sie die Clematis weg, denn sie will tiefgründigen Wurzelraum.
6. Die Pflanzen in solch einem Gefäß sind ziemlich langlebig, Sie müssen daher das Substrat alle paar Jahre ersetzen und etwa alle fünf Jahre die Pflanzen neu eintopfen, damit jede genug Raum zum Wachsen hat. Falls Sie dafür keinen Platz haben, bringen allein ein Duftender Seidelbast und ein Maiglöckchen (Blätter) Duft im Schatten, ohne dass man oft umtopfen muss.

Düfte
Immergrüne Clematis
(*C. armandii*)
Duftender Seidelbast
Maiglöckchen
Blüten
Garten-Chrysanthemen
Herbst-Alpenveilchen
Primeln
Schneeglöckchen
Winterlinge

32

MINIMOOR IM RUSTIKALEN STEINTROG

SIE BRAUCHEN
Steine – ziemlich groß und flach, aber es eignen sich alle (außer Kalkgestein). Sie brauchen mehr Steine, wenn diese klein sind. Haben Sie viel Platz, kommen Sie bei großen Steinen mit weniger aus.
Rhododendronerde
Säureliebende Pflanzen: Ahorn, Erika, Wurmfarn, Lavendelheide (oder andere, die Ihnen gefallen, einschließlich Magnolie, Zeder, Hartriegel, Schneeball, Säckelblume, Pfeifengras, Skimmie und viele weitere)

⏰ EINE STUNDE

Es gibt unterschiedliche Bodenarten, die für jeweils verschiedene Pflanzenarten ideale Wachstumsbedingungen bieten. Saure Böden kommen häufig vor und die meisten Pflanzen bevorzugen eher leicht saure als leicht alkalische Verhältnisse. Wenn von säureliebenden Pflanzen die Rede ist, sind Gewächse gemeint, die wirklich saure Bedingungen brauchen, oder zumindest solche, die in alkalischen Böden überhaupt nicht gedeihen. Solche Pflanzen wachsen etwa in Mooren, auf der Heide oder in den Bergen. Da dort nur eine dünne Erdschicht dem Gestein aufliegt, ist die Erde oft sehr sauer (es sei denn, der Untergrund gehört zum Typ Kalkstein). Alles, was dort wächst, gedeiht auch im Topf. Wir denken dabei immer zuerst an Rhododendren und Kamelien, aber es gibt noch viele andere, interessantere Arten, die ebenfalls saure Verhältnisse vorziehen.

Als Projekt für Pflanzen, die sauren Boden lieben, habe ich mir ein kleines Moor für den Garten ausgedacht, es sieht rustikal und naturalistisch zugleich aus.

SO GEHT'S

1. Arrangieren Sie die Steine im Kreis und türmen Sie sie bis auf eine Höhe auf, die noch stabil und sicher genug für ein Pflanzgefäß wirkt. (Sie können sie mit Mörtel befestigen, doch das erhöht den pH-Wert.) Ahorn und Farne brauchen Schutz vor praller Sonne und starken Winden, wählen Sie daher einen geeigneten Platz.
2. Füllen Sie den steinernen Behälter, einschließlich der Lücken zwischen den Steinen, mit Rhododendronerde nahezu bis zum oberen Rand an.
3. Pflanzen Sie die ausgewählten Gewächse ein – auch in die Lücken der Steine. Gießen Sie gut an.
4. Bringen Sie jährlich einen Mulch aus Rhododendronerde auf, damit die Pflanzen gesund aussehen. Schneiden Sie bei Bedarf, um eine gute Form zu wahren, entfernen Sie abgestorbene, verfärbte oder kranke Zweige.

> **Steine verwenden**
> Poröse Steine speichern mehr Feuchtigkeit, aber es ist sinnvoller, Steine aus der Umgebung zu verwenden. Sie sind günstiger und sie sehen in Ihrem Garten eher heimisch aus. Falls Sie Pflasterflächen haben, passen Sie die Steine an diesen Belag an. Das einzige Gestein, das hier nicht passt, sind alle Arten von Kalkgestein. Diese Steine reagieren alkalisch und würden das Wohlergehen Ihrer säureliebenden Pflanzen beeinträchtigen.

Um für ein wenig Abwechslung zu sorgen, können Sie folgende Kombinationen ausprobieren:
Ahorn, Lavendelheide (*Pieris*) und Japanische Azaleen. Säckelblume und Wurmfarn (halten Sie es schlicht in Grün und Blau).
Hartriegel mit Pfeifengras (*Molinia*) – eine Sorte mit rötlicher Färbung wie 'Edith Dudszus' sieht vor den roten Trieben eines Tatarischen Hartriegels (*Cornus alba*) spannend aus.
Vogelbeeren bzw. Ebereschen (*Sorbus aucuparia*), die Sorte 'Copper Kettle' sieht schön aus, mein persönlicher Favorit ist die Rosafrüchtige Eberesche (*S. vilmorinii*), auch die klassischen Ebereschen mit ihren roten Früchten wirken grandios. Dazu kommen Pfeifengras (*Molinia*) und Erika, die in Gruppen gepflanzt toll in großen Gefäßen aussehen.
Die Atlas-Zeder (*Cedrus atlantica*) bleibt durch die Begrenzung im Gefäß klein, schön sieht eine Unterpflanzung mit Farnen wie Wurmfarn aus, dazu kommt weißblütige Besenheide.

33

TONNE MIT LECKEREM MEHRWERT

⏱ **EINE STUNDE**

Die Mülltonne konkurriert oft mit dem Auto um den beschränkten Platz vor unseren Häusern. Es gibt viele kreative Ideen, um diese unschönen Orte zu verbergen und wir geben tatsächlich beträchtliche Mengen an Geld dafür aus. Häuschen werden drumherum gebaut, Paneele werden seitlich angebracht, Zäune baut man davor auf. Doch aus meiner Sicht handelt es sich bei Mülltonnen um riesige Pflanzgefäße: Bevor man sich bemüht, sie zu verstecken, stellt man sie besser zur Schau. Nehmen Sie nicht die Tonne, die Sie für Ihren Abfall oder das Altpapier brauchen, sondern eine, die womöglich überzählig ist – falls zum Beispiel Ihre Kommune einen neuen Tonnentyp anschafft oder falls eine Ihrer Tonnen einen Sprung oder (umso besser) ein Loch bekommt. Viele Gemüsearten wachsen unter diesen Bedingungen optimal, besonders jene, die sich nach unten oder oben in die Länge entwickeln. Dazu gehören Wurzelgemüse wie Pastinaken und Möhren, aber ebenso mein bevorzugtes Blattgemüse, der Lauch.

SIE BRAUCHEN

Eine alte Mülltonne, mindestens 1 m hoch
Schraubendreher
Blumentopferde
Pflanzstock
Lauch (pflanzfertig in Bleistiftstärke, entweder selbst gezogene oder gekaufte Jungpflanzen. Sie können Lauch im Frühjahr aussäen und die Pflanzen im Frühsommer an ihren endgültigen Platz setzen.)
Langsam wirkenden, gekörnten Dünger

SO GEHT'S

1. Bohren Sie ein paar Wasserabzugslöcher in den Boden der Mülltonne – vier Löcher mittlerer Größe müssten genügen, damit Wasser ablaufen kann.
2. Befüllen Sie die Tonne zu knapp zwei Drittel oder zu mehr als die Hälfte mit Substrat. Drücken Sie das Substrat an.
3. Bohren Sie mit dem Pflanzstock im Abstand von etwa 15 cm Pflanzlöcher und setzen Sie in jedes eine Lauchpflanze, ungefähr neun Stangen haben in der Tonne Platz.
4. Gießen und düngen Sie regelmäßig während der gesamten Wachstumszeit mit stickstoffreichem Dünger wie Hühnermistpellets.
5. Ernten Sie den Lauch ab Spätsommer bis in den Winter hinein, wenn die Stangen dick genug zum Verzehr sind, aber noch keine Blüten bilden.

STUHL IN TIEFVIOLETT UND SILBER

🕐 **EIN NACHMITTAG**

Alte Möbel besitzen einen hohen ästhetischen Wert und sogar moderne Exemplare haben einiges zu bieten, wenn man sie interessant umgestaltet. Werden alte Exemplare mit natürlichen Materialien kombiniert, entstehen tolle Pflanzbehälter, die neben ein wenig Grün auch gleichzeitig Kunst und Höhe in den Garten bringen. Höhenstaffelungen schaffen Spannung und beleben selbst kleine Ecken im Garten.

Eine Kombination aus violetten und silbrigen Pflanzen hat gleichfalls eine magische Ausstrahlung. Pflanzen mit diesen Farben besitzen eine ganz spezielle Anmutung. Silbriges Laub harmoniert gut mit jeder anderen Farbe, solche Pflanzen wirken auch außerhalb der Blütezeit attraktiv. Bei beschränktem Platz und begrenzter Pflanzenauswahl, wie das bei Töpfen der Fall ist, bedeutet dies einen enormen Zugewinn. Helle Farben wie Silber reflektieren das Licht und mildern andere Farben ab. Violett passt hervorragend zu Silber und erwidert die zurückhaltende Art, märchenhaft wirken die Blütenstände von Zierlauch und Glockenblumen.

Zwiebelblumen
Allium hollandicum 'Purple Sensation'
Iris-Hybride 'Katharine Hodgkin'
Tulpe 'Queen of Night'
Stauden
Polster-Silberraute
Purpurglöckchen 'Palace Purple'
Katzenminze
Oktober-Fettblatt
Patagonisches Eisenkraut

SIE BRAUCHEN

Einen alten Stuhl – am besten aus Holz oder Metall, wegen der Witterung. Sie können einen gepolsterten Stuhl verwenden, doch dieser wird feucht und schimmelt mit der Zeit, vielleicht sprießen nach ein, zwei Jahren Pilze. Nehmen Sie ihn her, wenn Ihnen das rasche Verrotten nichts ausmacht, ansonsten rate ich zu Holz oder Metall.

Kräftiges Sackleinen
Schraubendreher
Substrat
Wasserspeicherndes Granulat
Blumenzwiebeln und Stauden (links)
Tackergerät

SO GEHT'S

1. Beginnen Sie im Herbst, wenn die Blumenzwiebeln am günstigsten sind und sie ein paar Monate zum Anwachsen haben. Entfernen Sie den Stuhlsitz, indem Sie ihn herausschneiden. Einfache Holzsitze kann man oft leicht aufstemmen. Beschädigen Sie den eigentlichen Stuhl dabei nicht.
2. Formen Sie aus Sackleinen einen tiefen Beutel. Das Gewebe muss stark genug sein, um anstelle des Sitzes Pflanzen, Substrat und Wasser aufzunehmen, vielleicht müssen Sie es doppelt oder dreifach verwenden. Tackern Sie das Sackleinen in den Sitzeinsatz.
3. Mischen Sie gemäß den Angaben auf der Packung wasserspeicherndes Granulat unter das Substrat.
4. Bringen Sie eine dünne Schicht Substrat am Boden der Pflanzfläche auf.
5. Setzen Sie Zierlauch und Tulpen auf die Substratschicht. Streuen Sie weiteres Substrat darauf, bis die Zwiebeln fast bedeckt sind.
6. Setzen Sie rund um die Zwiebeln die Stauden ein (die Zwiebelblumen brauchen Raum, um nach oben zu wachsen, platzieren Sie die Stauden daher nicht unmittelbar auf ihre Spitzen).
7. Füllen Sie den Raum um die Wurzelballen mit weiterem Substrat aus.
8. Stopfen Sie in die Lücken zwischen den Pflanzen vorsichtig Iris-Zwiebeln, ohne sie zu beschädigen.
9. Gießen Sie die Pflanzen gut an. Halten Sie das Substrat feucht, aber nicht nass – diese Pflanzen vertragen etwas trockenere Verhältnisse. (Wie immer müssen alle Pflanzen im Gefäß gleiche Wachstumsbedingungen haben.)
10. Sobald die Zwiebelblumen eingezogen sind, schneiden Sie die Blätter im Frühjahr und Sommer ab, damit dann alles hüsch aussieht.

MOOSTASSEN

 EINE STUNDE

Moos ist groß im Kommen. Die Inspiration dazu kommt von Gartendesignern, die Mooskissen in japanisch anmutenden Gärten neben runden Findlingen eingesetzt hatten. Es ist wichtig, Moos aus nachhaltigen Quellen zu beziehen, aus Umweltschutzgründen sollten wir es nicht im Wald sammeln. Es gibt Staudengärtnereien und spezialisierte Betriebe, die Moose, Bärlappe und Moosfarne kultivieren. Man kann Pflanzen über das Internet beziehen und viele Gartenmärkte oder Gartencenter führen solche Pflanzen inzwischen in ihrem Angebot.

Teetassen sehen für sich allein schon wunderbar aus. Ich selbst habe die Angewohnheit, sie zu sammeln. Ich töpfere auch selbst, besonders Teetassen. Dadurch ist meine Sammlung eigentlich schon zu groß. Damit ich sie sinnvoll nutzen kann, habe ich begonnen, Pflanzen darin zu ziehen. Moos eignet sich für den geringen Platz, den eine Tasse bietet, prima und ich mag die üppig grüne Formenvielfalt, die mir Moos bietet.

SIE BRAUCHEN

Eine alte Porzellan-Teetasse mit Untertasse
Feuchtigkeit speichernde Erde
Moos oder ähnliche Gewächse aus dem Gartenfachhandel. Unter den vielen Moosarten sehen in Pflanzgefäßen die Folgenden gut aus: Weißmoos (*Leucobryum*), Widertonmoos (*Polytrichum*), Sphagnummoos (*Sphagnum*), Bärlapp (*Lycopodium*) und Moosfarn (*Selaginella*).

SO GEHT'S

1. Füllen Sie in die Tasse Gartenerde oder Topfsubstrat ein. Im Allgemeinen will Moos luftfeuchten Schatten. Stehen mit Erde befüllte Tassen an schattigen Gartenplätzen, entwickelt sich von selbst eine Moosschicht. Wenn Sie andererseits Moos gekauft haben und Sie überlegen, wohin das Gefäß kommen soll, dann ist ein feuchter Schattenplatz gewöhnlich am besten.
2. Legen Sie das Moos vorsichtig auf die Substratoberfläche.
3. Wässern Sie alles gründlich.
4. Die Bepflanzung muss ständig feucht, aber nicht nass sein, passen Sie daher gut darauf auf.

PFLANZENSITZ IM UPCYCLING-STYLE

 EIN NACHMITTAG

Ob Sie Gartenmöbel schön finden oder nicht, sie sind ein Teil unseres Haushaltes. Wohnraum wird immer kostspieliger und allzu oft müssen wir uns mit begrenztem Platz herumschlagen. Die Außenflächen erscheinen umso wertvoller, wir nutzen sie als Erweiterung des Wohnraums. Wir essen im Freien, sitzen draußen, manche Leute schlafen sogar hin und wieder unter freiem Himmel. Ein Garten bietet uns einen zusätzlichen Raum, doch das Mobiliar darin ist manchmal wirklich sehr geschmacklos. Wer bereit ist, viel dafür auszugeben, kann schöne Gartenmöbel kaufen, aber je günstiger sie sind, umso weniger schick sind sie, wenn auch nützlich. Hier kommt eine gute Lösung: Bauen Sie sich ein selbst bepflanztes Möbelstück. Auf allen möglichen Pflanzen können Sie sitzen oder liegen. Manche wie die Kamille duften gut und man kann sie auf verschiedenste Weise nutzen. Sie wächst auf den unterschiedlichsten Oberflächen, dadurch lassen sich geniale Sitzplätze schaffen. Ich habe hier Thymian verwendet, eines meiner bevorzugten Küchenkräuter.

SIE BRAUCHEN

Alte Sperrholzplatte
Kugelschreiber oder Bleistift
Säge
Alten Autoreifen – so etwas bekommen Sie gegen geringes Entgeld in Werkstätten oder beim Schrottplatz
Schrauben
Schraubendreher
Splitt oder Feinkies
Substrat
Kamille, oder andere trittfeste Pflanzen wie Thymian oder sogar Rasen

SO GEHT'S

1. Sägen Sie aus der Sperrholzplatte einen Kreis in der Größe des Reifens aus. Passen Sie den Kreis an, indem Sie den Reifen aufs Holz legen und rundum mit einem Stift markieren. Ein Sechseck klappt ebenso gut wie ein Kreis und ist leichter zu schneiden! Ein Anstrich verlängert die Lebensdauer der Sperrholzplatte.
2. Schrauben Sie die Sperrholzplatte am Reifen mit Holzschrauben fest, sie werden durch das Holz in den Reifen dringen.
3. Bohren Sie zur Dränage etwa alle 7 cm ein paar Löcher in das Sperrholz. Die meisten trittfesten Pflanzen benötigen durchlässiges Substrat, dadurch können Sie kaum zu viele Löcher machen, solange die Stabilität der Sperrholzplatte nicht gefährdet ist.
4. Mischen Sie das Substrat zu gleichen Teilen mit Splitt oder Feinkies.
5. Befüllen Sie den Reifen bis fast obenhin mit Substrat. Drücken Sie es gut an.
6. Graben Sie kleine Löcher in das Substrat und setzen Sie die Pflanzen hinein, sodass alles gut bedeckt ist. Lassen Sie um jede Pflanze einige Zentimeter frei, damit die Wurzeln noch Platz zum Wachsen haben. Gießen Sie an.
7. Gießen Sie beständig, aber nicht zu viel – bei einem Sitz im Freien erledigt der Regen diese Aufgabe.

IDEEN ZUM VERSCHÖNERN VON PLASTIKTÖPFEN

Bei jedem von uns liegen Plastiktöpfe herum, und wenn wir eine neue Pflanze kaufen, kommt ein weiterer hinzu. Doch mit ein wenig Kreativität kann aus ihnen etwas wirklich Hübsches werden. Dafür braucht es nicht viel Zeit und nicht viel Können, nur mithilfe von ein paar einfachen Tricks verwandelt sich ein Plastiktopf in etwas, auf das man stolz sein kann.

Beim Aufhübschen der Töpfe entsteht meist ein ziemlicher Dreck, daher müssen wir zuerst Zeitungspapier oder Folie ausbreiten. Die einfachste Verwandlung ist ein Anstrich. Das ist sehr effektiv, denn durch das Auftragen verschiedener Schichten entsteht ein einzigartiges, teuer aussehendes Gefäß. Individuell wirken mit Worten verzierte Töpfe, das kann Ihr Name sein oder ein Spruch. Geübte Bastler machen es per Hand, aber eine Schablone ist praktisch.

Topf-Aufkleber sind ebenfalls sehr kreativ. Selbst wenn es nach Kindergarten klingen mag, sie können sehr gut aussehen. Es genügt eine Papierserviette, ein Stück eines alten Seils oder etwas Sand und die perfekte Verwandlung gelingt ganz leicht.

37

SERVIETTENTECHNIK

 EIN WOCHENENDE

SIE BRAUCHEN
Papierservietten (einfarbig oder gemustert, ganz nach Ihrem Geschmack)
Kunststofftöpfe
Wasserfesten PVA-Kleber (geeignet für draußen)
Pinsel

SO GEHT'S
1. Reißen oder schneiden Sie die Servietten in dünne Streifen. Je kleiner sie werden, desto sauberer sieht es aus. Mit großen Stücken bekommen wir mehr Textur und es geht schneller.
2. Bepinseln Sie den Topf mit wasserfestem PVA-Kleber. Tragen Sie um den ganzen Topf eine Lage Serviettenstreifen auf. Streichen Sie darüber mit dem Pinsel erneut wasserfesten PVA-Kleber. Tragen Sie eine weitere Lage Serviettenstreifen auf und streichen Sie wieder Kleber darüber.
3. Lassen Sie alles trocknen. Das dauert zwischen 12 und 24 Stunden.
4. Setzen Sie nach Belieben Pflanzen ein. Bei sehr ornamentalen Mustern sehen Blattschmuckpflanzen hübsch aus, ich habe Schafsteppich verwendet, ebenso passt Moos. Bei schlichteren Mustern wirken Pflanzen mit Blüten oder interessantem Laub, zum Beispiel Sträucher. Toll sind auch Blüten- oder Blattdüfte.

Von oben links im Uhrzeigersinn: Moos, Schafsteppich, Perückenstrauch in mit Serviettentechnik verzierten Töpfen

38

BEMALT UND GEALTERT

 EIN NACHMITTAG

SIE BRAUCHEN
Plastiktöpfe
Pinsel
Farbe, am besten wasserfest oder Außenwandfarbe. Zwei ähnliche, etwas unterschiedliche Farbtöne sorgen für das angewitterte Aussehen.
Alte Gabel oder Stahlwolle
Schwamm

SO GEHT'S

1. Streichen Sie eine dicke Farbschicht auf – Grau und Weiß passen prima, weil sich nahe liegende Farben gut mischen. Grau sieht wie Stein aus, während leuchtende Farben eher unnatürlich wirken, dafür aber fröhlicher und ungewöhnlich aussehen.
2. Nehmen Sie eine alte Gabel und entfernen Sie etwas Farbe oder schraffieren Sie mit Steinwolle, solange die Farbe noch feucht ist.
3. Lassen Sie die Farbe trocknen (das dauert einige Stunden, die extakte Dauer finden Sie auf der Farbdose). Tupfen Sie dann mit einem Schwamm weitere Farbe auf. Mit einem etwas abweichenden Ton entsteht der Eindruck von natürlicher Alterung. Nach dem Trocknen können Sie einzelne Stellen mit der Ausgangsfarbe oder mit einem anderen Ton nachbehandeln.
4. Bepflanzen Sie ganz nach Belieben. Für Kunststofftöpfe, besonders für verzierte, gilt immer: je schlichter die Pflanze desto besser. Zu einem Natursteinähnlichen oder auch mehr exotisch aussehenden Topf passen Farne oder andere Blattschmuckpflanzen wie Dickmännchen oder Immergrün. Sie betonen das Pflanzgefäß, ohne dass es überladen wirkt.

BUCHSTABEN AUFTRAGEN

 EIN NACHMITTAG

SIE BRAUCHEN
Plastiktöpfe
Mehrzweckspray (in vielen Farben im Heimwerkerbedarfshandel erhältlich)
Schablonen
Schwamm (bei Bedarf)
Wasserfeste Farbe (bei Bedarf)

SO GEHT'S
1. Sprühen Sie den Topf mit Mehrzweckspray ein. Wählen Sie gedeckte Farben, damit es nicht zu kitschig wirkt – Weiß auf blassblauem Hintergrund sieht hübsch aus, ebenso Grau auf Weiß. Wenn Sie Namen, vor allem von Kindern, daraufsetzen, verwenden Sie deren Lieblingsfarbe, das macht die Töpfe sehr persönlich.
2. Wählen Sie ein Wort oder einen Spruch, den Sie darstellen wollen. (Das kann der Pflanzenname sein, etwa bei einer Kräutersammlung, der Familienname der Hausbewohner oder die Hausnummer, falls der Topf neben der Eingangstüre stehen soll.)
3. Tragen Sie die Buchstaben mithilfe einer Schablone auf dem Topf auf. Sprühen Sie dafür Farbe in einer anderen Farbe oder tauchen Sie einen Schwamm in wasserfeste Farbe.
4. Lassen Sie den Topf zwei bis vier Stunden lang trocknen (bzw. warten Sie die angegebene Trocknungszeit ab).
5. Bepflanzen Sie nach Belieben. Für so einen dekorativen Topf passen eher schlichte Pflanzen. Die gewählte Topffarbe beeinflusst immer auch die Bepflanzung: Grün harmoniert mit jeder kräftigen Pflanzenfarbe, spritzig wirken kontrastierende Farben. Gelbe Blüten beleben einen violetten Topf, Orange passt zu Blau usw.

40

SANDGESTRAHLT

 EIN WOCHENENDE

SIE BRAUCHEN
Plastiktöpfe
Wasserfesten PVA-Kleber (geeignet für den Außenbereich)
Pinsel
Sand
Band oder Schnur (bei Bedarf)

SO GEHT'S
1. Bepinseln Sie den Plastiktopf mit PVA-Kleber.
2. Rollen Sie den mit Kleber bestrichenen Topf im Sand.
3. Warten Sie bis zu 24 Stunden, damit alles trocknet und erhärtet.
4. Bepflanzen Sie. Die Farbe des Sandes (siehe unten) beeinflusst auch die Pflanzenauswahl. Haben Sie einfachen hellen Sand, können Sie nahezu jede Pflanze verwenden, gleich ob die Betonung auf den Blüten oder dem Laub liegt. Zu rotem Sand passen alle rustikalen und klassischen Pflanzen, die man auch in einen Tontopf setzen würde. Eingefärbter Sand verwandelt den Topf zu einem Blickfang, halten Sie die Bepflanzung dann schlicht.
5. Hübsch sieht ein Band oder eine Schnur um den Topf herum aus.

Sand auswählen Es gibt ihn in vielen Farben und in unterschiedlicher Beschaffenheit. Quarzsand vom Bau kann grau, gelblich oder rötlich aussehen, mit einem Anteil größerer Splittpartikel. Gewaschener Spielsand wirkt deutlich heller und feinkörniger, was dann viel glatter wirkt. Roter Sand hat eine ähnliche Anmutung wie Ton.

GESCHNÜRT

🕐 **EIN WOCHENENDE**

SIE BRAUCHEN
Plastiktöpfe
Heißkleber
Heißklebepistole
Strick, Schnur oder Wolle
Pinsel
Wasserfesten PVA-Kleber (geeignet für den Außenbereich)

SO GEHT'S

1. Je dünner der Strick oder die Schnur, desto öfter müssen Sie ihn um den Topf herum wickeln und umso länger muss er sein. Für einen dicken Strick benötigt man eine großzügigere Klebermenge und zusätzlich vielleicht verdeckte Nägel zum Anstecken. Wolle kann ebenfalls hübsch aussehen, aber Sie müssen nach dem Umwickeln wasserfesten PVA-Kleber auftragen.
2. Tragen Sie Heißkleber außen an der unteren Topfkante auf.
3. Schnüren Sie den Strick auf der Klebefläche um den Topf. Tragen Sie immer wieder eine Schicht Kleber auf und legen Sie den Strick hinein. Machen Sie so lange weiter, bis Sie den Topfrand erreichen und die gesamte Außenwand bedeckt ist.
4. Streichen Sie alles mit PVA-Kleber ein, lassen Sie den Topf etwa 24 Stunden trocknen.
5. Bepflanzen Sie schlicht. In einem kleinen Topf wirkt eine Staude mit dekorativem Laub schön, etwa Fetthenne, Dickmännchen, Waldmeister oder Mädesüß. Zu dunklen Tönen wie Rot oder Violett passt etwas Silbriges gut, zum Beispiel Nelken, Kapuzinerkresse, Dahlien, Mohn, Lavendel, Fuchsien oder Salbei.

Der Topf sieht sehr natürlich aus und ist daher geradezu ideal für eine einfache, schlichte Bepflanzung. Je nach Topfgröße können Sie einen Farn oder Baumfarn, einen kleinen Strauch wie Mäusedorn, Himmelsbambus, Hebe, Skimmie einsetzen oder einen Obststrauch, zum Beispiel eine Kulturheidelbeere.

PFLEGE

Die Pflanzprojekte zeigen, dass Sie es in der Hand haben, ob die Töpfe und die Pflanzen gut aussehen oder nicht. Vergessen Sie nicht: Ein Topf ist immer kontrollierbar.

Jede Pflanze muss sich wirklich abmühen und sich ihren Platz im Topf erobern. Doch man kann nicht erwarten, dass sie einfach da steht, ihr Bestes gibt und optimal aussieht, ohne Unterstützung von Ihrer Seite, etwa in Form eines kleinen Stupsers in die richtige Richtung. Diese Aufgabe gelingt Ihnen leicht bei Töpfen, die im Freien stehen: Der Regen nimmt Ihnen das Gießen ab und die Sonne gibt den Pflanzen Licht, ohne sie zu rösten.

Die wichtigste Herausforderung für Sie als Topfgärtner ist der eingeschränkte Platz für die Pflanzen im Topf. Zum Beispiel steht einer Pflanze Jahr für Jahr vielleicht nur ein Substratvolumen in der Größe eines Quaders von nur 10 cm Kantenlänge als Nahrungsquelle zur Verfügung, aber sie soll blühen, Früchte entwickeln, weiterwachsen und angenehmen Duft verströmen. Es ist Ihre Aufgabe, in diesem kleinen Raum die Bedingungen zu schaffen, damit die Pflanze alles bekommt, was sie zum Wachsen braucht.

DAS SUBSTRAT ERNEUERN

Zwei entscheidende Voraussetzungen müssen wir bei der Pflege von Topfpflanzen berücksichtigen: Nährstoffe und Feuchtigkeit; letztere ist unerlässlich für die Nährstoffaufnahme in den Wurzeln. Das Substrat hält beides parat, die jeweils benötigten Mengen unterscheiden sich von Pflanze zu Pflanze.

In einem kleinen Gefäß haben wir die Problematik, dass die wertvollen Komponenten im Substrat schnell aufgezehrt sind. Auch wenn Sie verbrauchte Erde in Form von Düngern ersetzen, ist es empfehlenswert, das Substrat jährlich oder alle zwei Jahre zu erneuern.

Das ist nicht schwierig, Sie müssen dafür nur die Pflanze aus dem Gefäß nehmen, die Erde von den Wurzeln abschütteln und sie zur Seite legen (achten Sie darauf, dass die Wurzeln nicht austrocken solange sie außerhalb des Topfes liegen). Sie müssen dann das verbliebene Substrat aus dem Topf herausnehmen (was in einem großen Gefäß etwas mehr Aufwand bedeutet). Ersetzen Sie es durch frisches Substrat. Nachdem Sie den Topf wieder befüllt haben, setzen Sie die Pflanzen wieder ein und wässern sofort, damit die Wurzeln mit dem neuen Substrat in Kontakt kommen.

Erneuern Sie das Substrat Ihrer Freilandpflanzen am besten während der Ruhezeit im Winter. Falls es sehr kalt ist, arbeiten Sie besser in einem unbeheizten Schuppen oder in einer Garage und nicht im Freien, damit die Wurzeln nicht erfrieren.

UMTOPFEN

Beim Umtopfen setzt man im Allgemeinen eine Pflanze aus einem kleineren Topf in einen größeren. So können wir Substrat ergänzen und den Pflanzen mehr Wurzelraum bieten.

Das Umtopfen erfolgt zu verschiedenen Zeiten, abhängig von den Pflanzen und in welchem Wachstumsstadium sich diese befinden. Hat sich eine Pflanze in ihrem Gefäß lange Zeit gut entwickelt beginnt aber nun zu kränkeln, wird es Zeit für einen größeren Topf. Wenn Sie möchten, können Sie vorher noch versuchen, sie durch eine frische Substratzugabe zu beleben. Sieht eine Pflanze, die groß werden soll, traurig aus oder sie ist durch Wind kippgefährdet, setzt man sie auf alle Fälle in ein größeres Pflanzgefäß um.

Einen Sämling müssen Sie öfter umsetzen. Man holt ihn dazu mit einem Pikierstab (oder Ähnlichem) vorsichtig aus seinem Töpfchen, während Sie ihn an seinen ersten pflanzentypischen Blättern festhalten. Setzen Sie ihn Schritt für Schritt in einen immer größeren Topf, sobald die Wurzeln unten aus dem Topf herausschauen. Eine einjährige Pflanze entwickelt sich umso größer und besser, je voluminöser das Pflanzgefäß ist. Einen Hängekorb können Sie direkt mit fertigen Jungpflanzen bestücken, sie werden bald den ganzen Korb prächtig ausfüllen. Bei den meisten anderen Pflanzgefäßen zieht man zunächst die Pflanze aus Samen in kleinen Töpfchen oder Sammelgefäßen vor und topft sie später in ihr Endgefäß um.

Bei langsam wachsenden Pflanzen oder ausgewachsenen Exemplaren muss man längst nicht so oft umtopfen. Über die Größe des Pflanzgefäßes beeinflussen Sie aber das Wachstum Ihrer Pflanzen. Es ist bestimmt kein Frage um Leben und Tod, wenn Sie Pflanzen nicht neu eintopfen, aber Sie entscheiden darüber, ob Ihre Pflanzen sich ihrer Natur entsprechend entwickeln können – und das tun sie in einem möglichst großen Pflanzgefäß.

Andererseits können Sie das Wachstum Ihrer Pflanzen durch einen kleinen Topf natürlich bewusst begrenzen. Manche Gewächse wollen tatsächlich beschränkte Verhältnisse. Es gibt nicht viele derartige Pflanzen, das bekannteste Beispiel dafür dürften Schmucklilien (*Agapanthus*) sein: Je mehr die Wurzeln eingezwängt sind, desto besser blühen die Pflanzen. Zudem behagen ihnen Wurzelstörungen nicht, daher brauchen sie nach dem Umtopfen einige Zeit zum Erholen und blühen womöglich nicht. Nur wenige andere Arten verhalten sich ähnlich – obwohl sich nahezu alle alpinen Pflanzen auch noch mit beschränktem Wurzelwerk gut entwickeln.

DÜNGEN

Wie viel oder wie wenig Sie Ihre Pflanzen düngen müssen, variiert sehr von Art zu Art. Wenn Sie Nutzpflanzen anbauen wollen, wird im Allgemeinen eine höhere Düngung notwendig sein. Fruchtende oder blühenden Pflanzen benötigen gewöhnlich hohe Mengen an Kalium, Blattpflanzen brauchen Stickstoff, Wurzelpflanzen benötigen viel Phosphat. Näheres siehe Seite 56.

Alle Nährstoffe, die eine Pflanze im Topf bekommt, stammen von Ihnen. In der Natur werden Pflanzen über ganz verschiedene Wege mit Nährstoffen versorgt, die aber in der künstlichen Umgebung eines Pflanzgefäßes entfallen. In einem Hochbeet stehen mehr Nährstoffe zur Verfügung und wenn das Hochbeet auf gewachsenem Boden und nicht auf Beton oder Ähnlichem aufsitzt, bekommt es sogar noch mehr Nährstoffe ab. Dennoch ist im Allgemeinen der Topfgärtner dafür verantwortlich, dass die Pflanzen die richtige Menge an Nährstoffen erhalten. Unter Umständen ist es damit getan, das Substrat jährlich zu erneuern. Sinnvoll ist es, etwas Stallmist zu geben, der sich mit dem Substrat vermengt und die Pflanzen gesund erhält. Es kann sein, dass damit der Bedarf der Pflanzen im Gefäß gedeckt ist. Doch viele von uns ziehen blühende Pflanzen, die mit ihren tollen Blüten viel leisten und daher etwas nährstoffbedürftiger sind.

Ich empfehle, das Substrat jährlich oder alle zwei Jahre auszutauschen. Zusätzlich sollten Sie im Frühjahr langsam wirkenden Dünger hinzufügen und alle paar Wochen während der Wachstumszeit flüssig düngen. Manche Bepflanzungen erfordern eine wesentlich höhere Nährstoffversorgung oder Sie müssen deutlich weniger geben. Informieren Sie sich daher genau was Ihre Pflanzen an Nährstoffen brauchen und beherzigen Sie die Faustregel: Je kleiner das Gefäß, desto mehr müssen Sie düngen, um die Pflanze gesund zu halten.

MÖGLICHST SAUBER

Es mag etwas spießig klingen, doch Pflanzgefäße wirken unschön, wenn sie zu dreckig werden. Blätter, Staub und Abfall sammeln sich dahinter an und nach einer gewissen Standzeit ist durch regelmäßiges Gießen Erde herausgefallen, sodass auch die Außenseite ein wenig dreckig wird. Machen Sie sich daher alle paar Monate ans Reinigen – Sie können dafür einfach den Gartenschlauch auf das Pflanzgefäß und den Boden halten, wenn Sie sowieso gießen. Oder Sie stellen die Pflanzgefäße etwa alle sechs Monate zur Seite, fegen und wischen. Dadurch sieht alles wieder schön sauber, strahlender und freundlicher aus.

GIESSEN

Wasser ist eine Grundvoraussetzung für das Pflanzenwachstum. Alle Pflanzen brauchen etwas Feuchtigkeit, wie viel hängt allerdings von der jeweiligen Art ab. Im gemäßigten Klima brauchen Pflanzen alle paar Tage Wasser, aber bedenken Sie, dass eine Pflanze eher durch Übergießen abstirbt als durch zu wenig Wasser. Je größer das Pflanzgefäß, desto weniger oft müssen Sie gießen, doch die Pflanzen dürfen nie im Wasser stehen. In dauerhaft nasser Erde tritt schädlicher Sauerstoffmangel auf. Moor- und Wasserpflanzen machen hier eine Ausnahme, sie haben sich an solche Bedingungen angepasst.

Grundsätzlich ist eine leicht feuchte Umgebung mit einer guten Wasserführung für die Pflanzen ideal. Wenn sich eine Pflanze ihre Wasserversorgung erarbeiten muss, wird sie auf Dauer robuster und ist weniger abhängig vom Gießen als eine Pflanze, die täglich einen ordentlichen Schluck Wasser erhält.

AUTOMATISCHE BEWÄSSERUNG

Wir alle waren schon mal im Urlaub oder bei der Arbeit und mussten beim Nachhausekommen feststellen, dass unsere geliebten Pflanzen kein Wasser hatten und gewelkt sind, wenn nicht gar abgestorben. Es tut richtig weh, unsere Zöglinge mit ihren eingeschrumpelten braunen Köpfen auf der dürren Erde liegen zu sehen. Aber keine Sorge, es gibt ein paar kleine Tricks, um das Desaster zu vermeiden.

- Schnürsenkel: Befüllen Sie eine Flasche mit Wasser und tauchen Sie bis zum Boden einen Schnürsenkel hinein. Ein Schnürsenkelende in jedem Pflanzgefäß sorgt für sachtes Sickern.

- Bewässerungssystem: Wer ein wenig Geld ausgeben kann, hat damit garantiert immer feuchte Erde. Es gibt sogar solarbetriebene Systeme oder welche mit Anschluss an die Regentonne. Sensoren messen den Feuchtigkeitsgehalt der Erde, dadurch fließt Wasser nur bei Bedarf. Schlaue Sache!

- Umgestülpte Flasche: Füllen Sie Wasser in eine Flasche, die Sie umgedreht in die Erde stecken. Sie können den Deckel entweder komplett entfernen oder Sie bringen darin ein kleines Loch an, damit Wasser in die Erde sickert. Das hängt davon ab, wie schnell das Wasser freigesetzt werden soll.

- Untersetzer: Lassen Sie vor Ihrer Abwesenheit immer etwas Wasser in etwa 2,5 cm Höhe im Untersetzer stehen. Das verschafft Ihnen einige zusätzliche Tage, an denen Sie nicht gießen müssen.

- Stellen Sie die Pflanzgefäße ins Bad: Wenn ich für längere Zeit weg bin, bringe ich meine schönsten Gefäße ins Haus, lasse in die Badewanne etwa 5 cm hoch Wasser ein und stelle die Pflanzen hinein. Das klappt nicht für lange Zeit, rettet die Pflanzen aber immerhin für rund eine Woche.

- Lassen Sie alles im Freien: Die Chancen auf Regen stehen gut.

AUSPUTZEN UND ZURÜCKSCHNEIDEN

Alle Pflanzen, nicht nur die in Pflanzgefäßen, sehen besser aus, wenn sie optimal gepflegt werden. Die Pflanzen im Topf müssen noch gesünder und hübscher aussehen, schließlich sitzen sie hier sozusagen auf dem Präsentierteller. Beherzt man einige wenige Regeln gelingt dies auch.

Die erste wichtige Pflegeregel ist das Ausputzen, also das Entfernen welker Blüten. Das ist nicht bei allen Arten erforderlich, denn nicht alle blühen fortlaufend, manche bilden Früchte und Samen. Informieren Sie sich über Ihre Pflanzen. Einige Pflanzen blühen umso üppiger, je besser Sie sie ausputzen (etwa Duft-Wicken, Kosmee, Dahlien und die meisten Beetpflanzen), bei anderen müssen die verwelkten Blüten an der Pflanze bleiben, damit sie Früchte und/oder Samen bilden. Wo es nicht notwendig ist, bedeutet Ausputzen vergeudete Zeit, doch bei Pflanzen, die darauf gut ansprechen, profitieren Sie und Ihre Pflanzen wirklich davon. Schon ein wenig Zeit zum Abknipsen welker Blüten verhindert, dass Ihre Pflanzgefäße mit braunen, welken, schmutzigen und unschönen Blütenköpfen dastehen. Außerdem verlängert sich die Blühdauer, wodurch die Pflanzen umso attraktiver für den Topfgarten werden.

Rückschnitt ist genauso wichtig. Wie viel oder wie wenig, hängt wiederum entscheidend von den Pflanzen ab. Einen Bonsai etwa beschneidet man an den Wurzeln und an den Triebspitzen nur, um tote Zweige zu entfernen, während man eine Buchshecke ein- oder zweimal im Jahr schneidet, um Spitzen zu kappen und um die Form zu bewahren. Stauden werden im Winter bis zum Boden zurückgeschnitten. Es gelten ein paar grundlegende und zeitsparende Regeln, die Ihnen zur Orientierung dienen (siehe rechts).

RICHTIG SCHNEIDEN

- Entfernen Sie alle abgestorbenen, verfärbten oder kranken Teile.

- Schneiden Sie bei Gehölzen alle sich kreuzenden Äste heraus, um einen offenen Wuchs zu fördern. Dadurch kann Luft hindurch, das mindert die Gefahr von Krankheiten.

- Im Allgemeinen schneidet man die Pflanzen im Anschluss an die Blüte. Zu den bekanntesten Ausnahmen zählen Clematis, Glyzinie (*Wisteria*) und Sand-Birke.

- Für einen Rückschnitt entfernen Sie jährlich ein Drittel der Trieblänge. Auf diese Weise kann sich innerhalb von drei Jahren die ganze Baumkrone erneuern.

- Verwenden Sie scharfe Scheren. Sie müssen immer gründlich gereinigt und vor dem Schnitt mit Desinfektionsmittel behandelt werden, um die Verbreitung von Krankheiten zu vermeiden.

- Schneiden Sie immer knapp oberhalb einer Knospe.

- Schneiden Sie den Trieb immer schräg an, damit sich an der Schnittstelle kein Wasser sammelt.

FRUCHTWECHSEL

Über Fruchtwechsel wird beim Gärtnern immer wieder gesprochen und im Pflanzgefäß intensivieren sich die Probleme, wie sie in einem normalen Gartenboden auftreten – falls Sie das Substrat nicht jedes Jahr auswechseln.

Wer Gemüse in Töpfen oder Kübeln kultiviert, baut meist jedes Jahr die gleichen Arten an, besonders wenn das einmal gut gelungen ist. Es entsteht ein uraltes Problem: Wir mögen ein bestimmtes Gemüse, haben nicht genug Platz dafür, kaufen ein Pflanzgefäß oder bauen ein Hochbeet. Wenn wir schon so wenig Platz haben, warum sollten wir etwas weniger Willkommenes anbauen? Und doch ist ein Fruchtwechsel im Nutzgarten eine grundlegende Sache, was bedeutet, dass Sie Kulturen ziehen, die ursprünglich nicht auf Ihrer Wunschliste standen. Ich habe da meine eigenen Erfahrungen gemacht: Mir wurden viele Kohlpflanzen überlassen und obwohl ich welche im Vorjahr gezogen hatte, setzte ich sie erneut in mein Hochbeet. Fast nichts konnte ich davon ernten. Im Verlauf des Jahres bereitete die Kohlfliege immer mehr Probleme und die Zahl der Blattläuse war unermesslich. Zum Glück hatte ich keine Kohlhernie in der Erde, sonst müsste ich 20 Jahre bis zum nächsten Kohlanbau warten oder den Boden auf der ganzen Fläche austauschen. Ich meine, das ist es nicht wert. Ziehen Sie besser jedes Jahr andere Pflanzen in jedem Pflanzgefäß und die Erfolgsquote wird viel höher sein.

Auch für die Artenvielfalt ist es überaus wichtig, die Dinge zu mischen. Schädlinge werden zurückgedrängt, die Kulturen entwickeln sich besser, Unkraut wird unterdrückt, sogar die Sauerstoffproduktion der Pflanzen soll sich erhöhen.

Kurz gesagt bedeutet das: Wenn Sie richtig anfangen, richtig pflanzen, richtig düngen und gießen, richtig pflegen und nicht immer die gleichen Pflanzen am selben Ort ziehen, dann sehen die Pflanzgefäße nicht nur schön aus, sie erfüllen Jahr für Jahr ihren Zweck. Dafür lohnt sich der Aufwand.

Ein einfacher Fruchtwechselplan für beste Pflanzengesundheit:

BLATTGEMÜSE
Mangold, Spinat, Kohlgewächse (Kopfkohl, Kohlrabi, Brokkoli, Sprossenkohl, Grünkohl) usw.

WURZELGEMÜSE
Kartoffeln, Pastinaken, Möhren, Rote Bete, Rettich und Radies, Speiserüben, Knollensellerie usw.

HÜLSENFRÜCHTE
Bohnen, Erbsen, Zuckererbsen, Dicke Bohnen, Limabohnen, Linsen usw.

FRUCHTGEMÜSE
Tomaten, Auberginen, Paprika, Chilis, Kürbisse usw. (Kann ersetzt werden durch Gräser und Zwiebelgewächse, etwa Zuckermais, Gerste, Zwiebeln, Knoblauch, Lauch, Schnittlauch.)

REGISTER

A
Algen 56
Alpakamist 57
Alpine Pflanzen 9, 80, 91, 96, 130, 153
Anordnen von Pflanzen im Pflanzgefäß 69
Anzucht aus Samen 102–103
Arbeitsstiefel, bepflanzte 70–71
Aufsitzerpflanzen 28
Ausputzen 156
Automatische Bewässerung 155
Autoreifen als bepflanzter Sitz 144–145

B
Bahnschwellen 25
Bakterien 77, 127
Balken, für ein Hochbeet 25, 84–87
Bambus 5, 24, 88
Bäume 8, 17, 49
    alte Palette mit Olivenbaum 64–65
    Bonsai-Wald in Töpfen 122–123
    Obstbäume 118–119
    Beet- und Balkonpflanzen 71, 82, 102
Beinwelljauche 57
Bemalte Töpfe für Zwiebelblumen 128–129
Betonkübel mit Dschungel 104–105
Bewässerungsanlage 99, 155
Bilderrahmen
    mit Keimlingen 130–131
    mit Sukkulenten 92–95
Binsen 26
    kompostiert 53
Blattgemüse 80, 138
    Fruchtwechsel 157
Blutmehl 57
Bodenzuschlagstoffe 54–55
Bonsai 5, 17, 122, 171
    Schnitt 156
Bonsai-Wald in Töpfen 122–123
Buchs 24, 88, 156
Büchsen 90–91
Buchstaben, Auftragen mit Schablone 149

C
Chinaschilf 23
Chrysanthemen 135
Container für die Dachterrasse 100–101

D
Dachterrasse, Container 100–101
Dränage 50–51, 54–55
Dschungel im Betonkübel 104–105
Düngen 56–57, 152, 154

E
Eckige Pflanzgefäße 20
Erdbeeren in der Wasserrinne 109

F
Farne 10, 80
    im gemauerten Beet 112–115
Feinkies, Splitt 54, 58
Feinstrahl 17, 24, 82, 96
Fensterkasten 28
Fetthenne (Sedum) 17, 73, 80, 82, 92–95
Feuchtigkeit 152
Flaschen 155
Fledermausmist 56–57
Fruchtgemüse 86
Fruchtwechsel 87, 157
Früchte düngen 56

G
Gehölzschnitt 156
Gemauertes Beet für Farne 112–115
Gemüse
    düngen 56
    Fruchtwechsel 87, 157
    Kultur in der Tonne 138–139
    in Hochbeeten 25, 87
    in Pflanzenwänden 80
Gerüstbretter, Gräserhecke 110–111
Gießen 51, 54, 59, 154–155, 157

Glasgefäße 40
    Terrarium 116–117
Gräser 23–24
    Gerüstbretter 110–111
    Prärie-Atmosphäre in Metall 66–69
Grasnelken 24
Grüne Wand 27, 98–99
    aus Paletten 78–81

H
Hängekorb 28
    aus altem Sieb 82–83
    umtopfen 153
    Zuschlagstoffe 54–55
Hecke
    Gräserhecke aus Gerüstbrettern 110–111
    im Topf 88–89
    mobile Hecke im Trog 23
Heidelbeeren 118
Hochbeet 9, 11, 24–25, 33, 100
    aus dicken Balken 84–87
    düngen 154
    für Farne 112–115
    Gemüsekultur 25, 87
    Tröge 22
Holzbalken 25, 84–87
Holzgefäße 32, 50
Hornmehl 57
Hühnermist 56
Hülsenfrüchte, Fruchtwechsel 157

I
Iris 38, 54, 71

K
Kalium 56–57, 154
Kalzium 56
Keramik, Pflanzgefäße 35
Kiste mit Kräutern 74–75
    mit Schnittblumen 124–127
Knochenmehl 57
Koffer mit naturnahem Garten 72–73
Kokosfaser 53

Konservenbüchsen 90–91
Korbblüten 17
Kosten 8
Krankheiten und Schädlinge 157
Kräuter 17, 42, 52, 90, 130
    im Hängekorb aus altem Sieb 82–83
    im Fensterkasten 28
    in grüner Wand 80
    in Hochbeeten 25
    fürs Fensterbrett 74–75
Kunststoffgefäße 50
    Varianten 146–151

L
Laubkompost, Laubmull 53, 56, 100, 114
Lauch, Kultur in der Tonne 138–139
Lavendel 17, 54, 63, 80, 88, 96
Lebende Wand 98–99
Leiter, in warmen Tönen 62–63
Licht 48
Luft 48, 51, 55, 156

M
Magnetische Töpfe 39, 96–97
Majoran 74–75
Mammutblatt 15, 26, 76
Materialien für Pflanzgefäße 29–40, 50
Metallgefäße 38–40, 50
    Miniteich im Trog 106–108
    Prärie-Atmosphäre 66–69
Miniteich im Gefäß 41, 50–52
    im Metalltrog 106–108
    Spülstein 76
Mist 56–57
Möbel, alte 132–133
Moorbeet 50, 54, 155
    im Spülstein 76–77
Moos 10, 24, 27, 91, 130
    im Terrarium 116–117
    in Teetassen 143
Mulchen 58

N
Nährstoffe 48, 56–57, 152
Naturnaher Garten im Koffer 72–73

O
Oberboden 86
Obstbäume
　bestäuben 119
　in Kübeln 64–65, 118–119
Orchideen 28, 52
Oregano 74

P
Palettenkübel mit Olivenbaum 64–65
Paletten, Pflanzenwand 78–81
Perlite 55
Petunien 28
Pfirsichbäume 118–119
Pflanzen, alpine 9, 80, 91, 96, 130, 153
Pflanzgefäße 12–45
　anordnen 42–45
　auf der Dachterrasse 100–101
　eckige 20
　Materialien 29–40, 50
　richtige Form 18–23
　richtige Größe 14–17, 49
Pflanztaschen 27, 39, 78–81, 98–99
Pflege 8–9, 152–157
Phosphat 56, 154
Pilze 77, 142
Plastiktöpfe, Varianten 146–151
　bemalt und gealtert 148
　geschnürt 150
　sandgestrahlt 149
　Prärie-Atmosphäre in Metall 66–69
Projekte 60–151

R
Regale 27
Reinigen von Töpfen 154
Renaissance 32
Rosmarin 17, 74–75, 80
Rückschnitt 156
Runde Töpfe 18–19
Rustikaler Steintrog mit Minimoor 136–137

S
Salbei 74–75
Sämlinge 153
　Anzucht 102–103
　im Bilderrahmen 130–131
Sand 54
Sandgestrahlte Töpfe 150
Schablonenauftrag 149
Schachtelhalm 10
Schädlinge und Krankheiten 157
Schafsteppich (*Raoulia*) 49
Schmucklilie (*Agapanthus*) 49, 132, 153
Schnitt 156
Schnittblumen aus der Kiste 124–127
Schränkchen, bepflanztes 132–133
Schwertlilien, Iris 50, 108
Sedum-Arten 17, 73, 80, 82, 92
　im Bilderrahmen 92–95
Seerosen 108
Serviettentechnik 147
Sichtschutz 23
Sieb, Hängekorb 82–83
Sitz, bepflanzter 144–145
Splitt, Feinkies 54, 58
Spülstein mit Moorbeet 76–77
Staunässe 77
Steinbrech (*Saxifraga*) 49
Steingefäße 36–37, 40
Stickstoff 56, 154
Stuhl, umfunktionierter 140–142
Substrat 52–53
　erneuern 152, 154
Sukkulenten 10, 17, 80, 82, 91, 130
　im Bilderrahmen 92–95
　Terrarium 116–117

T
Teetassen mit Moos 143
Teich im Metalltrog 106–108
Temperatur 48
Terrarium für Draußen 116–117
Thymian 17, 74–75, 96
Ton und Keramik, Pflanzgefäße 34–35, 50
Tongefäße 10, 34–35, 40, 50
Tonne, bepflanzt 138–139
Topfgruppen 42–45
Topfpräsentation am Magneten 96–97
Torf 53
Trockenmauern 24
Tröge 22–23, 49
　Gräserhecke 110–111
　Miniteich im Metalltrog 106–108
Tropen-Flair für jede Ecke 120–122

U
Umtopfen 153
Untersetzer 59, 155
Upcycling 5, 38, 40
　Arbeitsstiefel 70–71
　bepflanztes Schränkchen 132–133
　Prärie-Atmosphäre in Metall 66–69
　mit Autoreifen 144–145

V
Varianten für einen Plastiktopf 146–151
Vasen 15, 18, 49
Vermiculit 55
Versailler Kasten 32
Versenken im Boden 26
Vogelkäfige 28

W
Wachstumsmedium 52
Wand, Grüne 98–99
Wasser 48, 155
　Dränage 50–51
　Untersetzer 59, 155
Wasserabzug 50–51, 54
Wasserpflanzen 28, 40, 155
Wasserrinne mit Erdbeeren 109
Wasserspeicher 54, 56
Wechselbepflanzung 10
Winter, Topf für den 134–135
Wurzelgemüse, Fruchtwechsel 157

Z
Zeitungspapier, Töpfe 102–103
Zierspargel 10
Zuckermais 23, 86–87, 111, 157
Zuschlagstoffe 53, 54–55
Zwiebelblumen in bemalten Töpfen 128–129

SERVICE

TÖPFE, KÜBEL, ACCESSOIRES

Wohnflair.com
Fulgengrund 6
18211 Retschow
Tel.: (03 82 03) 42 91 40
E-Mail: info@wohnflair.com
www.wohnflair.com

Die Gartenscheune
Rosenower Str. 2
19209 Lützow
Tel.: (03 88 74) 2 17 65
E-Mail: diegartenscheune@t-online.de
www.die-gartenscheune.de

greenbop e.K.
Kaiser-Wilhelm-Str. 89
20355 Hamburg
Tel.: (0 40) 18 08 05 80
E-Mail: info@greenbop.de
www.greenbop.de

**car-Selbstbaumöbel
T. Küstermann e. K.**
Gutenbergstr. 9 a
24558 Henstedt-Ulzburg
Tel.: (0 41 93) 7 55 50
E-Mail: office@car-moebel.de
www.car-moebel.de

Manufactum
Hiberniastr. 5
45731 Waltrop
Tel.: (23 09) 93 90 60
E-Mail: info@manufactum.de
www.manufactum.de

Scheurich GmbH & Co.KG
Gottlieb-Wagner-Str. 2
63924 Kleinheubach/Main
Tel.: (0 93 71) 5 07-0
E-Mail: info@scheurich.de
www.scheurich.de

Blickfang: Alte Zeiten
Menzel & Bauer GbR
Marienstr. 4
72131 Ofterdingen
Tel.: (0 74 73) 88 13
E-Mail: info@blickfang-alte-zeiten.de
www.blickfang-alte-zeiten.de

Grün im Kraut
PLAN-G GmbH
Birkenstr. 22
88285 Bodnegg
Tel.: (0 75 20) 9 56 23 70
www.gruen-im-kraut.de

PFLANZEN

F. M. Westphal Clematis-Kulturen
Peiner Hof 7
25497 Prisdorf
Tel.: (0 41 01) 7 41 04
E-Mail: kontakt@clematis-westphal.de
www.clematis-westphal.de

Rühlemann's Kräuter & Duftpflanzen
Auf dem Berg 2
27367 Horstedt
Tel.: (0 42 88) 92 85 58
E-Mail: info@ruehlemanns.de
www.ruehlemanns.de

Bingenheimer Saatgut AG
Kronstr. 24–26
61209 Echzell-Bingenheim
Tel.: (0 60 35) 18 99 – 0
Fax: (0 60 35) 18 99 – 40
E-Mail: info@bingenheimersaatgut.de
www.bingenheimersaatgut.de
→ Kräuter, Blumen, Gemüse

Uhlig-Kakteen
Hegnacher Str. 31
71394 Kernen-Rommelshausen
Tel.: (0 71 51) 4 18 91
E-Mail: uhlig-kakteen@t-online.de
www.uhlig-kakteen.de

Staudengärtnerei Gaissmayer
Jungviehweide 3
89257 Illertissen
Tel.: (0 73 03) 72 58
E-Mail: info@gaissmayer.de
www.pflanzenversand-gaissmayer.de

Flora Toskana
Schillerstr. 25
89278 Nersingen / OT Strass
Tel.: (0 73 08) 9 28 33 87
E-Mail: info@flora-toskana.de
www.flora-toskana.com
→ Mediterrane Kübelpflanzen